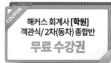

해커스
IFRS
김원종
POINT 고급회계

해커스 경영아카데미

이 책의 저자

김원종

학력
연세대학교 경영학과(경영학사)
성균관대학교 경영대학원(석사과정 수료)

경력
현ㅣ 해커스 경영아카데미 교수
　　 해커스금융 교수
전ㅣ 한화케미칼 회계팀
　　 삼일회계법인
　　 웅지세무대학교 교수(회계학)
　　 웅지 경영아카데미 재무회계 강사(회계사, 세무사)
　　 삼일아카데미 IFRS 실무 강사
　　 송원세무회계 대표 회계사
　　 경기도학교 안전공제회 감사

자격증
한국공인회계사, 세무사

저서
해커스 IFRS 김원종 중급회계 상/하
해커스 세무사 IFRS 元고급회계
해커스 회계사 IFRS 김원종 고급회계
해커스 IFRS 김원종 POINT 중급회계
해커스 IFRS 김원종 POINT 고급회계
해커스 IFRS 김원종 객관식 중급회계
해커스 IFRS 김원종 객관식 고급회계
해커스 회계사 IFRS 김원종 재무회계 1차 기출문제집
해커스 세무사 IFRS 김원종 재무회계연습
해커스 회계사 IFRS 김원종 재무회계연습 1
해커스 회계사 IFRS 김원종 재무회계연습 2
IFRS 회계원리

머리말

본서는 공인회계사 및 세무사 시험을 준비하는 수험생들이 단기간에 1차 시험과 2차 시험을 준비하도록 쓰여진 고급회계의 요약서이다. 국제회계기준을 도입함에 따라 기준서의 내용이 과거에 비하여 방대해졌고, 기준서의 내용이 개정될 때마다 중급회계 및 고급회계의 기본서의 분량이 늘어나고 있다. 객관식 중급/고급회계와 재무회계연습 교재에 이론 요약 부분을 포함하면 교재의 분량이 늘어나고 동일한 내용이 두 교재에 반복되어 수험생들의 부담을 주는 문제를 해소하기 위하여 IFRS POINT 고급회계를 출간하기로 하였다. 이러한 취지에서 본서는 1차 시험과 2차 시험을 준비하는 수험생들이 단기간에 이론을 정리하여 시험대비를 충실히 할 수 있도록 하는 데 그 목적을 두었다. 이러한 본서의 특징은 다음과 같다.

첫째, 최근까지 개정된 한국채택국제회계기준의 내용을 충실히 반영하였다. 2025년 1월 1일 시행예정인 국제회계기준에 관한 내용 중 고급회계에서 반드시 학습해야 할 주요 내용들을 알기 쉽게 설명하였다.

둘째, 본서는 각 챕터별로 본문의 주제별 핵심내용을 [POINT]로 요약 및 정리하여 수험생들이 보다 효율적으로 공부할 수 있도록 세심하게 배려하였다.

셋째, 본서는 주제별로 일관된 접근방법과 문제풀이방법을 제시하여 수험생들의 혼란을 최소화하고자 노력하였다. 본서의 이론요약은 회계학의 기본인 회계처리를 시작으로 각 주제별로 산식, 그림, 표 등으로 시각화하여 올바른 접근방법을 쉽게 익힐 수 있도록 하였다.

넷째, 본서는 1차 시험을 앞둔 수험생들에게 IFRS 객관식 고급회계 교재의 이론요약서 및 객관식 고급회계 수업에 사용될 예정이며, 1차 시험을 합격한 수험생들에게 2차 시험 IFRS 재무회계연습 교재의 이론요약서 및 재무회계연습 수업에도 사용될 예정이다.

본서가 완성되어 출간되기까지 많은 분들의 도움을 받았다. 교재의 출간을 허락하시고 많은 격려를 보내주신 (주)챔프스터디의 전재윤 대표님과 책의 완성도를 높이기 위해 최선을 다해 노력하시는 해커스 경영아카데미에도 감사의 뜻을 전한다. 마지막으로 본서가 완성되기까지 항상 옆에서 자리를 지키며 기다려준 가족들에게도 감사의 마음을 전하고 싶다.

본서는 이미 출간된 해커스 세무사 IFRS 元고급회계, 해커스 회계사 IFRS 김원종 고급회계를 시험 출제 경향을 분석하여 요약하였다. 회계법인에서의 실무경험과 대학 등에서의 강의경험을 이 책에 담기 위해 부단한 노력으로 달려왔지만, 여전히 아쉬움이 많이 남는 책이다. 본서에 포함된 어떠한 오류도 저자의 책임이며 본서와 관련된 독자 여러분들의 비평과 건설적인 의견에 항상 귀를 기울일 것이다. 또한 사랑받는 교재가 되기 위하여 개정판마다 더욱 발전할 수 있도록 최선을 다할 것을 약속드린다.

공인회계사 김원종

목차

Chapter 01 /

사업결합

Ⅰ 사업결합의 일반론   Ch01-02
Ⅱ 사업결합의 회계처리   Ch01-06
Ⅲ 합병회계   Ch01-08
Ⅳ 사업결합의 기타주제   Ch01-14

보론1 사업결합거래 시 법인세기간배분   Ch01-17
보론2 역취득   Ch01-18
보론3 기타주제   Ch01-21

Chapter 02 /

연결회계

Ⅰ 연결재무제표의 의의   Ch02-02
Ⅱ 연결재무제표 작성기업과 별도재무제표   Ch02-04
Ⅲ 지배력   Ch02-06
Ⅳ 연결재무제표의 종류와 작성원칙   Ch02-09
Ⅴ 연결회계이론   Ch02-11
Ⅵ 연결회계의 기본원리   Ch02-12
Ⅶ 투자주식과 자본계정의 상계제거   Ch02-14
Ⅷ 내부거래와 미실현손익   Ch02-26
Ⅸ 연결자본계정의 계산방법   Ch02-44

Chapter 03 /

연결회계 특수주제

Ⅰ 단계적 취득   Ch03-02
Ⅱ 지배력획득 이후의 추가취득   Ch03-03
Ⅲ 종속기업주식의 처분   Ch03-04
Ⅳ 종속기업의 유상증자   Ch03-06
Ⅴ 종속기업의 자기주식 취득   Ch03-07
Ⅵ 보고기간 중의 종속기업주식의 취득   Ch03-08
Ⅶ 복잡한 소유구조   Ch03-10
Ⅷ 이연법인세와 연결재무제표   Ch03-12
Ⅸ 연결현금흐름표와 연결자본변동표   Ch03-16

보론1 종속기업이 우선주를 발행한
      경우의 연결조정   Ch03-17
보론2 연결주당이익   Ch03-19

Chapter 04 /

관계기업과 공동기업에 대한 투자

Ⅰ 관계기업투자의 일반론   Ch04-02
Ⅱ 지분법의 회계처리   Ch04-07
Ⅲ 지분법의 특수주제   Ch04-15
Ⅳ 공동약정   Ch04-20

Chapter 05 /

환율변동효과

Ⅰ 환율변동효과의 일반론   Ch05-02
Ⅱ 기능통화에 의한 외화거래의 보고   Ch05-05
Ⅲ 기능통화가 아닌 표시통화의 사용   Ch05-08
Ⅳ 해외사업장 외화환산의 기타주제   Ch05-12
보론1 투자외화사채의 외화환산   Ch05-14

Chapter 06 /

파생상품

Ⅰ 파생상품의 일반론   Ch06-02
Ⅱ 파생상품의 인식과 측정   Ch06-04
Ⅲ 파생상품의 회계처리   Ch06-05
Ⅳ 이자율스왑   Ch06-14
보론1 위험회피수단과 위험회피대상항목의
       지정   Ch06-15

해커스 IFRS 김원종 POINT 고급회계

회계사·세무사·경영지도사 단번에 합격!
해커스 경영아카데미 cpa.Hackers.com

Chapter 01

사업결합

Ⅰ 사업결합의 일반론

Ⅱ 사업결합의 회계처리

Ⅲ 합병회계

Ⅳ 사업결합의 기타주제

보론1 사업결합거래 시 법인세기간배분

보론2 역취득

보론3 기타주제

I | 사업결합의 일반론

01 사업결합의 의의

(1) 사업결합의 정의

사업결합은 취득자가 하나 이상의 사업에 대한 지배력을 획득하는 거래나 그 밖의 사건을 말한다.

(2) 취득자와 피취득자의 정의

사업결합 거래의 당사자 중 취득자는 피취득자에 대한 지배력을 획득한 기업을 말하며, 피취득자는 취득자가 사업결합으로 지배력을 획득한 대상 사업이나 사업들을 말한다.

(3) 사업의 정의

사업의 정의	투자자나 그 밖의 소유주, 조합원이나 참여자에게 배당, 원가절감, 그 밖의 경제적 효익의 형태로 수익을 직접 제공할 목적으로 수행되고 관리될 수 있는 활동과 자산의 통합된 집합
사업의 3가지 요소	① 투입물: 하나 이상의 과정이 적용될 때 산출물을 창출하거나 창출할 능력이 있는 모든 경제적 자원 ② 과정: 투입물에 적용할 때 산출물을 창출하거나 창출할 능력이 있는 모든 시스템, 표준, 규약, 협정, 규칙 ③ 산출물: 투입물과 그 투입물에 적용하는 과정의 결과물로 투자자나 그 밖의 소유주, 조합원, 참여자에게 배당, 원가감소 또는 그 밖의 경제적 효익의 형태로 직접 수익을 제공하거나 제공할 능력이 있는 것
유의사항	① 산출물은 사업의 정의를 충족하기 위한 통합된 집합에 반드시 필요한 요소는 아님 ② 사업에 영업권이 반드시 필요한 것은 아니지만, 특별한 반증이 없다면 영업권이 존재하는 자산과 활동의 특정 집합은 사업으로 간주함 ③ 만약 사업을 구성하지 않는 자산이나 자산집단의 취득의 경우 **자산집단의 원가**는 일괄 구입으로 간주하여 매수일의 상대적 공정가치에 기초하여 각각의 식별할 수 있는 자산과 부채에 배분함

[그림 1-1] 사업의 3가지 요소

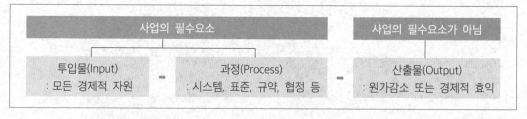

(4) 지배력의 정의

지배력의 정의	지배력은 투자자가 피투자자에 관여함에 따라 변동이익에 노출되거나 변동이익에 대한 권리가 있고, 피투자자에 대한 자신의 힘으로 변동이익에 영향을 미치는 능력이 있는 것
지배력의 3요소	① 힘: 피투자자에 대한 힘 ② 이익: 피투자자에 관여함에 따른 변동이익에 대한 노출이나 권리 ③ 힘과 이익의 연관: 투자자의 이익금액에 영향을 미치기 위하여 피투자자에 대한 자신의 힘을 사용하는 능력

02 사업결합의 식별

(1) 사업결합의 식별

사업결합은 취득자가 하나 이상의 사업에 대한 지배력을 획득하는 거래나 그 밖의 사건으로 정의하며, 취득자는 다음과 같이 다양한 방법으로 피취득자에 대한 지배력을 획득할 수 있다.

① 현금, 현금성자산이나 그 밖의 자산(사업을 구성하는 순자산 포함)의 이전
② 부채의 부담
③ 지분의 발행
④ 두 가지 형태 이상의 대가의 제공
⑤ 계약만으로 이루어지는 경우를 포함하여 대가의 이전이 없는 방식

(2) 사업결합의 적용배제

K-IFRS 제1103호 '사업결합'은 사업결합의 정의를 충족하는 거래나 그 밖의 사건에 적용한다. 따라서 다음의 경우에는 적용하지 아니한다.

① 공동약정 자체의 재무제표에서 공동약정의 구성에 대한 회계처리
② 사업을 구성하지 않는 자산이나 자산집단의 취득
③ 동일 지배하에 있는 기업이나 사업 간의 결합

[그림 1-2] 자산과 활동의 특정 집합의 취득

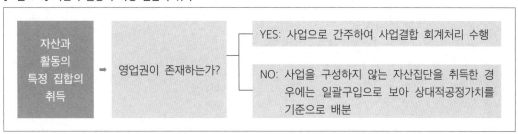

03 사업결합의 유형

사업결합은 법률상, 세무상 또는 그 밖의 이유 등 다양한 방법으로 이루어질 수 있다. 가장 대표적인 예는 합병과 주식취득을 들 수 있다. K-IFRS에 의하면 사업결합의 유형을 다음과 같은 경우를 포함하도록 규정하고 있으며, 이에 한정하고 있지는 않다.

> ① 하나 이상의 사업이 취득자의 종속기업이 되거나, 하나 이상의 사업의 순자산이 취득자에게 법적으로 합병된다.
> ② 하나의 결합참여기업이 자신의 순자산을, 또는 결합참여기업의 소유주가 자신의 지분을 다른 결합참여기업이나 다른 결합참여기업의 소유주에게 이전한다.
> ③ 결합참여기업 모두가 자신의 순자산을 또는 모든 결합참여기업의 소유주가 자신의 지분을 신설 기업에 이전한다 [롤업(Roll-up), 병합거래(Put-together Transaction)라고도 한다].
> ④ 결합참여기업 중 한 기업의 이전 소유주 집단이 결합기업에 대한 지배력을 획득한다.

(1) 합병

합병이란 둘 이상의 기업이나 사업이 법률적 및 경제적으로 하나의 기업으로 통합되는 사업결합을 말한다. 이러한 합병의 방법은 「상법」의 규정에 따라 흡수합병과 신설합병으로 구분된다.

(2) 취득

취득은 주식을 취득하여 다른 기업이나 사업의 지배력을 획득하는 거래를 말한다.

[그림 1-3] 사업결합의 유형

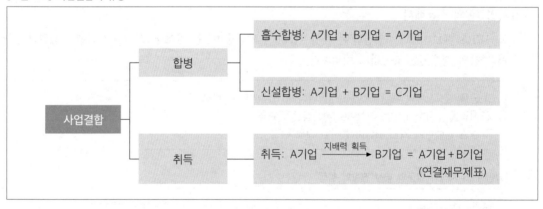

04 취득법과 지분통합법

(1) 지분통합법

지분통합법은 사업결합의 참여기업을 대등한 주체로 보고 참여기업 중 어느 일방도 취득자가 되지 아니하는 형태로 이해하는 것을 말한다. 따라서 사업결합을 사업결합의 참여기업이 자산과 부채를 결합하고 그 결합에서 발생하는 위험과 경제적 효익을 지분비율에 따라 분담하는 것으로 본다. 지분통합법은 취득을 가정하지 않기 때문에 취득자산과 인수부채를 장부금액으로 측정하여야 한다.

(2) 취득법

취득법이란 사업결합을 취득자가 피취득자의 순자산 및 영업활동을 지배하는 대가로 자산의 이전, 채무의 부담 또는 주식을 발행하는 것으로 이해하는 것을 말한다. 따라서 사업결합을 취득자가 피취득자의 자산과 부채를 개별적으로 관련된 시장에서 취득하는 행위로 가정하므로 취득자산과 인수부채를 공정가치로 측정하여야 한다. K-IFRS에서는 모든 사업결합은 취득법을 적용하여 회계처리를 수행하도록 규정하고 있으며, 지분통합법과 새출발법은 인정하고 있지 않다.

> ⊘참고 **사업결합 시 취득법 채택의 이유**
>
> 어떤 기업이 하나 이상의 사업에 대하여 지배력을 획득하는 모든 사업결합을 회계처리할 때, 취득법이 일반적으로 자산을 취득하고 부채를 인수하거나 부담하는 거래에 대한 회계처리와 일관된다. 따라서 취득법은 그 밖의 회계정보와 비교할 수 있는 정보를 생산할 수 있다. 즉, 재무제표 이용자는 처음 투자와 그 투자의 후속 성과를 더 잘 평가할 수 있고 이를 다른 기업의 성과와 더 잘 비교할 수 있다. 또한 거의 모든 취득자산과 인수부채를 처음에 공정가치로 인식함으로써, 취득법은 그 자산, 부채와 관련한 미래현금흐름의 가치에 대한 시장의 기대에 대해 더 많은 정보를 재무제표에 포함하며, 이는 그러한 정보의 목적적합성을 제고하게 된다. 이러한 이유로 K-IFRS에서는 모든 사업결합에 대하여 취득법을 적용하여 회계처리를 수행하도록 규정하고 있다.

Ⅱ | 사업결합의 회계처리

01 취득법 적용의 4단계

K-IFRS 제1103호 '사업결합'에서 각 사업결합은 취득법을 적용하여 회계처리를 수행하도록 규정하고 있다. 취득법은 다음의 4단계 절차에 의하여 수행된다.

[그림 1-4] 취득법 적용의 4단계

1단계	취득자의 식별
2단계	취득일의 결정
3단계	식별할 수 있는 취득자산, 인수부채, 피취득자에 대한 비지배지분의 인식과 측정
4단계	영업권 또는 염가매수차익의 인식과 측정

(1) 취득자의 식별 [1단계]

취득자는 보통 다른 결합참여기업이나 결합참여기업들보다 상대적 크기(예 자산, 수익, 이익으로 측정)가 유의적으로 큰 결합참여기업이다. 기업이 셋 이상 포함된 사업결합에서, 결합참여기업의 상대적 크기뿐만 아니라 특히 결합참여기업 중 어느 기업이 결합을 제안하였는지도 고려하여 취득자를 결정한다.

① 현금이나 그 밖의 자산을 이전하거나 부채를 부담하여 이루어지는 사업결합

주로 현금이나 그 밖의 자산을 이전하거나 부채를 부담하여 이루어지는 사업결합의 경우에 취득자는 보통 현금이나 그 밖의 자산을 이전한 기업 또는 부채를 부담하는 기업이다.

② 지분을 교환하여 이루어지는 사업결합

• 주로 지분을 교환하여 이루어지는 사업결합의 경우에 취득자는 보통 지분을 발행하는 기업이다. 그러나 보통 '역취득'이라고 말하는 일부 사업결합에서는 지분을 발행하는 기업이 피취득자이다.

• 지분교환으로 이루어진 사업결합에서 취득자를 식별하기 위하여 참고할 그 밖의 관련 사실이나 상황의 예는 다음과 같다.

  a. 사업결합 후 결합기업에 대한 상대적 의결권: 취득자는 보통 결합참여기업의 소유주 중 결합기업에 대한 의결권의 가장 큰 부분을 보유하거나 받은 소유주가 속한 결합참여기업이다. 의결권의 가장 큰 부분을 보유하거나 받은 소유주 집단이 속한 기업을 결정하기 위하여, 비정상적이거나 특별한 의결약정과 옵션, 주식매입권이나 전환증권의 존재 여부를 고려한다.

  b. 특정 소유주나 조직화된 소유주 집단이 중요한 의결지분을 갖지 않은 경우에 결합기업에 대하여 상대적으로 큰 소수의결지분의 존재: 취득자는 보통 결합기업에 대하여 가장 큰 소수의결지분을 보유하고 있는 단일 소유주나 소유주의 조직화된 집단이 속한 결합참여기업이다.

c. **결합기업 의사결정기구의 구성:** 취득자는 보통 결합기업 의사결정기구의 구성원 과반수를 지명하거나 임명하거나 해임할 수 있는 능력을 보유하고 있는 소유주가 속한 결합참여기업이다.

d. **결합기업 경영진의 구성:** 결합기업 경영진 대부분이 결합참여기업의 이전 경영진으로 구성되는 경우에 취득자는 보통 그 경영진이 속한 결합참여기업이다.

e. **지분교환의 조건:** 취득자는 보통 다른 결합참여기업(들)의 지분에 대하여 결합 전 공정가치를 초과하는 할증금을 지급해야 하는 결합참여기업이다.

③ 신설사업결합

사업결합을 위하여 새로운 기업이 설립된 경우에는 새로운 기업이 반드시 취득자가 되는 것은 아니며, 다음과 같이 취득자를 식별해야 한다.

• 사업결합을 이루기 위하여 새로운 기업을 지분을 발행하여 설립한 경우: 사업결합 전에 존재하였던 결합참여기업 중 한 기업을 취득자로 식별한다.

• 사업결합을 이루기 위하여 그 대가로 현금이나 그 밖의 자산을 이전하거나 부채를 부담하는 경우: 새로운 기업이 취득자이다.

(2) 취득일의 결정 [2단계]

취득일의 정의	피취득자에 대한 지배력을 획득한 날
원칙	일반적으로 취득자가 법적으로 대가를 이전하여, 피취득자의 자산을 취득하고 부채를 인수한 날인 종료일
예외	취득자는 종료일보다 이른 날 또는 늦은 날에 지배력을 획득하는 경우도 있음 예 서면합의

(3) 식별할 수 있는 취득자산, 인수부채, 피취득자에 대한 비지배지분의 인식과 측정 [3단계]

식별할 수 있는 취득자산, 인수부채, 피취득자에 대한 비지배지분의 인식과 측정은 합병회계에서 설명하기로 한다.

(4) 영업권 또는 염가매수차익의 인식과 측정 [4단계]

영업권 또는 염가매수차익의 인식과 측정은 합병회계에서 논의하기로 한다.

Ⅲ | 합병회계

합병이란 둘 이상의 기업이나 사업이 법률적 및 경제적으로 하나의 기업으로 통합되는 사업결합을 말한다. K-IFRS에서는 합병은 취득법을 적용하여 회계처리하도록 규정하고 있다. 따라서 취득법 적용의 4단계 절차에 따라 회계처리해야 한다.

[그림 1-5] 합병회계의 4단계

1단계	취득자의 식별
2단계	취득일의 결정
3단계	식별할 수 있는 취득자산, 인수부채(①)의 인식과 측정 및 이전대가(②)의 측정
4단계	영업권 또는 염가매수차익의 인식과 측정(③ = ② - ①)

01 식별할 수 있는 취득자산과 인수부채의 인식과 측정

(1) 인식원칙

인식원칙	① 자산과 부채의 정의를 충족: 식별할 수 있는 취득자산과 인수부채는 취득일에 '재무제표의 작성과 표시를 위한 개념체계'의 자산과 부채의 정의를 충족하여야 한다. 예를 들어 피취득자의 영업활동 종료, 피취득자의 고용관계 종료, 피취득자의 종업원 재배치와 같은 계획의 실행에 따라 미래에 생길 것으로 예상하지만 의무가 아닌 원가는 취득일의 부채가 아니다. 그러므로 취득자는 취득법을 적용하면서 그러한 원가는 인식하지 않는다. ② 사업결합 거래에서 교환한 자산과 부채: 취득법 적용의 일환으로 인식요건을 충족하려면, 식별할 수 있는 취득자산과 인수부채는 별도 거래의 결과가 아니라 사업결합 거래에서 취득자와 피취득자 사이에서 교환한 항목의 일부이어야 한다.
유의사항	① 피취득자의 이전 재무제표에서 자산과 부채로 인식하지 않았던 자산과 부채를 일부 인식할 수 있음 ② 피취득자 자신의 재무제표에 자산으로 인식하지 않았던 브랜드명, 특허권, 고객 관계와 같은 식별할 수 있는 무형자산의 취득을 인식할 수 있음

> ⊘ 참고 **취득자산과 인수부채의 인식조건**
>
> 한국채택국제회계기준 제1103호 '사업결합'의 전면개정 심의과정에서, 국제회계기준위원회는 포괄적인 기준으로서 측정의 신뢰성은 개념체계의 포괄적인 인식기준의 일부이기 때문에 불필요하다고 보아 삭제하기로 결정하였다. 또한 한국채택국제회계기준 제1103호 '사업결합'에서는 발생가능성 인식기준을 포함하지 않으며 따라서 취득자에게 경제적 효익의 유입이나 유출의 발생가능성 정도와는 상관없이 취득자산과 인수부채를 인식하도록 요구하고 있다. 왜냐하면 국제회계기준위원회는 무조건적인 권리나 의무는 발생가능성 기준을 항상 충족할 것이기 때문에 그 기준을 포함하는 것이 불필요하다고 결정하였기 때문이다.

(2) 리스와 무형자산의 인식지침

① 피취득자가 리스이용자인 경우

- 취득한 리스가 취득일에 새로운 리스인 것처럼, 나머지 리스료의 현재가치로 리스부채를 측정
- 피취득자의 사용권자산을 리스부채와 같은 금액으로 측정
- 시장 조건과 비교하여 유리하거나 불리한 리스조건이 있다면 이를 반영하기 위하여 사용권자산을 조정
  - 시장 조건보다 유리한 조건: 사용권자산에 가산
  - 시장 조건보다 불리한 조건: 사용권자산에서 차감

② 식별할 수 있는 무형자산

취득자는 사업결합에서 취득한 식별할 수 있는 무형자산을 영업권과 분리하여 인식한다. 무형자산은 분리가능성 기준 또는 계약적·법적 기준을 충족하는 경우에 식별할 수 있다고 본다.

- **분리가능성 기준**

  분리가능성 기준은 취득한 무형자산이 피취득자에게서 분리되거나 분할될 수 있고, 개별적으로 또는 관련된 계약, 식별할 수 있는 자산이나 부채와 함께 매각, 이전, 라이선스, 임대, 교환을 할 수 있음을 의미한다.

  a. **고객과 구독자 목록**: 고객과 구독자 목록은 자주 라이선스되므로 분리가능성 기준을 충족한다. 그러나 사업결합에서 취득한 고객목록이 비밀유지조건이나 그 밖의 약정 조건에서 고객에 관한 정보를 매각, 리스, 그 밖의 교환을 할 수 없도록 금지한 경우에는 분리가능성 기준은 충족되지 않는다.

  b. **기술적 전문지식**: 피취득자는 등록 상표와 그 상표를 붙인 제품의 제조에 사용하고 문서화하였지만 특허를 얻지 않은 기술적 전문지식을 보유할 수 있다. 특허를 얻지 않은 기술적 전문지식은 피취득자나 결합기업과 분리되어 있음이 분명하고 관련 상표를 매각할 경우에 팔리기 때문에 분리가능성 기준을 충족하고 무형자산으로 인식해야 한다.

  c. **예금부채 및 관련 예금자관계 무형자산**: 시장참여자가 예금부채와 관련 예금자관계 무형자산을 관찰할 수 있는 교환거래에서 교환한다. 그러므로 취득자는 예금자관계 무형자산을 영업권과 분리하여 인식한다.

- **계약적·법적 기준**

  계약적·법적 기준을 충족하는 무형자산은 피취득자에게서 또는 그 밖의 권리와 의무에서 이전하거나 분리할 수 없더라도 식별할 수 있다.

  a. **운영라이선스**: 피취득자는 원자력 발전소를 소유하여 운영한다. 그 발전소를 운영하는 라이선스는 취득자가 그 발전소에서 분리하여 매각하거나 이전할 수 없더라도 영업권과 분리하여 인식하는 계약적·법적 기준을 충족하는 무형자산이다. 취득자는 운영라이선스와 발전소의 내용연수가 비슷할 경우에, 라이선스의 공정가치와 발전소의 공정가치를 재무보고 목적상 하나의 자산으로 인식할 수 있다.

  b. **기술특허권**: 피취득자가 기술특허권을 소유한다. 그 특허권을 국내시장 밖에서 독점적으로 사용할 수 있도록 라이선스하고, 그 대가로 미래 해외 수익의 일정 비율을 수취한다. 기술특허권과 관련 라이선스 약정은 서로 분리하여 실무적으로 매각하거나 교환할 수 없더라도, 각각 영업권과 분리하여 인식하는 계약적·법적 기준을 충족한다.

c. 다시 취득한 권리(재취득한 권리): 취득자가 사업결합 이전에 자신이 인식했거나 인식하지 않았던 하나 이상의 자산을 사용하도록 피취득자에게 부여했던 권리를 사업결합의 일부로서 다시 취득할 수 있다. 그러한 권리의 예로는 프랜차이즈 약정에 따라 취득자의 상표명을 사용할 권리나 기술라이선스 약정에 따라 취득자의 기술을 사용할 수 있는 권리가 있다. 다시 취득한 권리는 취득자가 영업권과 분리하여 인식하는 식별할 수 있는 무형자산이다.

③ 식별할 수 없는 집합적 노동력과 그 밖의 항목

취득일 현재 식별할 수 없는 취득한 무형자산의 가치는 별도로 인식하지 않고 영업권에 포함한다.

- **집합적 노동력**: 취득자는 취득한 사업의 운영을 취득한 날부터 계속할 수 있게 해주는 현존하는 집합적 노동력인, 종업원 집단의 존재에 가치가 존재한다고 볼 수 있다. 집합적 노동력은 숙련된 종업원의 지적 자본 즉, 피취득자의 종업원이 자신의 업무에서 보유하고 있는 지식과 경험을 나타내지는 않는다. 집합적 노동력은 영업권과 분리하여 인식하는 식별할 수 있는 자산이 아니기 때문에 그에 귀속될 만한 가치가 있다면 그 가치를 영업권에 포함한다.

- **잠재적 계약**: 취득자는 취득일에 피취득자가 미래의 새로운 고객과 협상 중인 잠재적 계약에 가치가 있다고 볼 수 있다. 취득일에 그러한 잠재적 계약 그 자체는 자산이 아니기 때문에 영업권과 분리하여 인식하지 않는다. 그러한 계약의 가치는 취득일 후에 일어나는 사건에 따라 후속적으로도 영업권에서 재분류하지 않는다.

(3) 측정원칙

① 취득자는 식별할 수 있는 취득자산과 인수부채를 취득일의 공정가치로 측정함
② 공정가치는 측정일에 시장참여자 사이의 정상거래에서 자산을 매도할 때 받거나 부채를 이전할 때 지급하게 될 가격을 말함

(4) 특정 식별할 수 있는 자산의 공정가치 측정

현금흐름이 불확실한 자산 (평가충당금)	취득일의 공정가치로 측정된 취득자산에 대하여 별도의 평가충당금은 인식하지 않음
피취득자가 리스제공자인 경우 운용리스 대상 자산	피취득자가 리스제공자인 경우에 운용리스의 조건이 유리하든 불리하든, 별도의 자산이나 부채를 인식하지 않음
취득자가 사용할 의도가 없거나 다른 방법으로 사용할 의도가 있는 자산	시장참여자가 최고 최선으로 사용함을 가정하여 측정함

(5) 인식원칙 또는 측정원칙의 예외

구분	인식원칙의 예외	측정원칙의 예외
우발부채	현재의무이고 그 공정가치를 신뢰성 있게 측정할 수 있다면 우발부채를 인식	N/A
다시 취득한 권리	N/A	관련 계약의 남은 계약기간에 기초하여 측정
주식기준보상거래		취득일에 K-IFRS 제1102호 '주식기준보상'의 방법에 따라 측정
매각예정자산		취득일에 매각예정자산으로 분류한 비유동자산(또는 처분자산집단)을 순공정가치로 측정
법인세	사업결합으로 취득자산과 인수부채에서 생기는 이연법인세자산이나 부채를 K-IFRS 제1012호 '법인세'에 따라 인식하고 측정	
종업원급여	피취득자의 종업원급여 약정과 관련된 부채(자산)를 K-IFRS 제1019호 '종업원급여'에 따라 인식하고 측정	
보상자산	보상자산을 취득일의 공정가치로 측정하여 취득일에 인식	

> ⊘참고 **다시 취득한 권리**
>
> 1. 취득자가 사업결합 이전에 자신이 인식했거나 인식하지 않았던 하나 이상의 자산을 사용하도록 피취득자에게 부여했던 권리를 사업결합의 일부로서 다시 취득할 수 있다. 그러한 권리의 예로는 프랜차이즈 약정에 따라 취득자의 상표명을 사용할 권리나 기술라이선스 약정에 따라 취득자의 기술을 사용할 수 있는 권리가 있다. 다시 취득한 권리는 취득자가 영업권과 분리하여 인식하는 식별할 수 있는 무형자산이다.
> 2. 시장참여자가 공정가치를 측정할 때 계약의 잠재적 갱신을 고려하는지와 무관하게, 취득자는 무형자산으로 인식하는, 다시 취득한 권리의 가치를 관련 계약의 남은 계약기간에 기초하여 측정한다.

02 이전대가의 측정

이전대가의 정의	피취득자가 순자산을 인수하거나 영업활동을 지배하기 위하여 취득자가 피취득자의 소유주에게 제공한 대가
측정원칙	이전대가는 공정가치로 측정
주식기준보상	주식기준보상은 공정가치로 측정하지 않고 K-IFRS 제1102호 '주식기준보상'에 따라 측정함
조건부대가	① 금융상품의 정의를 충족하는 조건부대가의 지급 의무를 지분상품과 금융부채의 정의에 기초하여 금융부채 또는 자본으로 분류함 ② 취득자는 특정 조건을 충족하는 경우에는 과거의 '이전대가를 회수할 수 있는 권리'를 자산으로 분류함
대가의 이전 없이 이루어지는 사업결합	취득자는 때로는 대가를 이전하지 않고 피취득자에 대한 지배력을 획득함

취득일에 공정가치와 장부금액이 다른 취득자의 자산과 부채(예 취득자의 비화폐성자산 또는 사업)를 이전대가에 포함할 수 있다. 이 경우, 취득자는 이전한 자산이나 부채를 취득일 현재 공정가치로 재측정하고, 그 결과 차손익이 있다면 당기손익으로 인식한다. 그러나 때로는 이전한 자산이나 부채가 사업결합을 한 후에도 결합기업에 여전히 남아 있고(예 자산이나 부채가 피취득자의 이전 소유주가 아니라 피취득자에게 이전됨), 따라서 취득자가 그 자산이나 부채를 계속 통제하는 경우가 있다. 이러한 상황에서 취득자는 그 자산과 부채를 취득일 직전의 장부금액으로 측정하고, 사업결합 전이나 후에도 여전히 통제하고 있는 자산과 부채에 대한 차손익을 당기손익으로 인식하지 않는다.

취득자와 피취득자가 지분만을 교환하여 사업결합을 하는 경우에 취득일에 피취득자 지분의 공정가치가 취득자 지분의 공정가치보다 더 신뢰성 있게 측정되는 경우가 있다. 이 경우에 취득자는 이전한 지분의 취득일 공정가치 대신에 피취득자 지분의 취득일 공정가치를 사용하여 영업권의 금액을 산정한다. 대가의 이전이 없는 사업결합에서 영업권 금액을 산정하는 경우에는 취득자는 이전대가의 취득일 공정가치 대신에 피취득자에 대한 취득자 지분의 취득일 공정가치를 산정하여 사용한다.

03 영업권 또는 염가매수차익의 인식과 측정

(1) 영업권

[그림 1-6] 영업권

순자산 공정가치 < 이전대가의 공정가치			
취득자산(공정가치)	×××	인수부채(공정가치)	×××
영업권	×××	이전대가(공정가치)	×××

⚡ **POINT** 영업권의 인식과 측정

영업권	개별적으로 식별하여 별도로 인식할 수 없으나, 사업결합에서 획득한 그 밖의 자산에서 생기는 미래 경제적 효익을 나타내는 자산
영업권의 발생	이전대가 > 식별할 수 있는 취득자산과 인수부채의 순액
계산방법	이전대가 - 식별할 수 있는 순자산 공정가치
후속측정	① 사업결합으로 취득한 영업권은 상각하지 않으며, 매 보고기간마다 손상검사를 수행 ② 영업권에 대해 인식한 손상차손은 후속기간에 환입할 수 없음 　(∵ 내부적으로 창출된 영업권으로 간주함)

(2) 염가매수차익

[그림 1-7] 염가매수차익

순자산 공정가치 > 이전대가의 공정가치	
취득자산(공정가치) ×××	인수부채(공정가치) ×××
	이전대가(공정가치) ×××
	염가매수차익 ×××

⚡ POINT 염가매수차익의 인식과 측정

염가매수차익의 발생	이전대가 < 식별할 수 있는 취득자산과 인수부채의 순액
계산방법	식별할 수 있는 순자산 공정가치 - 이전대가
측정	① 모든 취득자산과 인수부채를 정확하게 식별하였는지 재검토 ② 재검토 이후에도 염가매수차익이 계속 남는다면, 취득자는 취득일에 그 차익을 당기손익으로 인식

04 취득관련원가

비용으로 인식	① 중개수수료 ② 자문·법률·회계·가치평가·그 밖의 전문가나 컨설팅 수수료 ③ 일반관리원가 예 내부 취득 부서의 유지 원가
발행금액 차감	채무증권과 지분증권의 등록·발행 원가
자산의 취득원가에 가산	유형자산 소유권이전비용

> ⊘ 참고 **취득관련원가**
> 취득관련원가가 사업에 대한 매입자와 매도자 간 공정가치 교환의 일부가 아니고, 취득관련원가는 매입자가 제공받은 용역의 공정가치에 대해 지급하는 별도의 거래이다. 그러한 용역을 외부 당사자가 제공하든지 취득자의 내부직원이 제공하든지 간에 획득한 효익은 용역을 제공받는 때에 소모되기 때문에 그 원가는 일반적으로 취득일에 취득자의 자산을 나타내지 않으므로 취득관련원가는 비용으로 회계처리해야 한다. 따라서 취득관련원가의 회계처리는 영업권과 염가매수차익에 영향을 미치지 않으므로 영업권과 염가매수차익을 계산하는 문제에서 취득관련원가를 무시하고 풀이해도 답안은 동일하다.

Ⅳ | 사업결합의 기타주제

01 단계적으로 이루어지는 사업결합

정의	취득일 직전에 지분을 보유하고 있던 피취득자에 대한 지배력을 획득하는 거래
이전대가의 측정	단계적으로 이루어지는 사업결합의 이전대가: ① + ② ① 취득자가 이전에 보유하고 있던 피취득자에 대한 지분의 취득일의 공정가치 ② 취득일에 추가로 지분을 취득하기 위한 이전대가의 취득일의 공정가치
회계처리	① 취득자는 이전에 보유하고 있던 피취득자에 대한 지분을 취득일의 공정가치로 재측정하고 그 결과 차손익이 있다면 당기손익 또는 기타포괄손익으로 인식 ② 기존 피취득자 지분의 가치변동을 기타포괄손익으로 인식한 금액은 취득일에 후속적으로 당기손익으로 재분류하지 않음

> ⊘ 참고 **공동기업 또는 관계기업의 단계적으로 이루어지는 사업결합**
>
> 공동약정의 한 당사자가 공동영업인 사업에 대한 지배력을 획득하고, 그 취득일 직전에 해당 공동영업과 관련된 자산에 대한 권리와 부채에 대한 의무를 보유하고 있었다면, 이 거래는 단계적으로 이루어지는 사업결합이다. 따라서 취득자는 단계적으로 이루어지는 사업결합에 대한 요구사항을 적용한다. 이때, 취득자는 공동영업에 대하여 이전에 보유하고 있던 지분 전부를 재측정하여 그 결과 차손익이 있다면 당기손익으로 인식해야 한다.
>
> 또한 피취득자가 관계기업인 사업에 대한 지배력을 획득하고, 그 취득일 직전에 해당 관계기업과 관련된 지분을 보유하고 있었다면, 이 거래도 단계적으로 이루어지는 사업결합이다. 따라서 취득자는 단계적으로 이루어지는 사업결합에 대한 요구사항을 적용한다. 이때, 취득자는 관계기업에 대해서 이전에 보유하고 있던 지분 전부를 재측정하여 그 결과 차손익이 있다면 당기손익으로 인식해야 한다.

02 측정기간

(1) 정의

측정기간	① 사업결합에서 인식한 잠정금액을 사업결합 후 조정할 수 있는 기간 ② 측정기간은 취득한 날부터 1년을 초과할 수 없음
잠정금액	사업결합에 대한 첫 회계처리를 사업결합이 생긴 보고기간 말까지 완료하지 못한다면, 취득자가 회계처리를 완료하지 못한 항목의 금액으로 재무제표에 보고된 금액

(2) 잠정금액의 회계처리

구분	측정기간(1년) 이내	측정기간(1년)이 종료된 후
상황	측정기간 동안에, 취득일 현재 존재하던 사실과 상황에 대하여 새롭게 입수한 정보가 있는 경우	오류수정의 경우에만 사업결합의 회계처리를 수정
회계처리	① 자산 및 부채를 소급수정 ② 영업권을 소급수정 ③ 수익 및 비용을 소급수정	

03 후속측정

일반적으로, 취득자는 사업결합으로 취득한 자산, 인수하거나 부담한 부채, 발행한 지분상품에 대하여 해당 항목의 성격에 따라 적용할 수 있는 다른 K-IRFS에 따라 후속측정하고 회계처리한다. 그러나 사업결합으로 취득한 자산, 인수하거나 부담한 부채, 발행한 지분상품 중 다음의 항목에 대해서는 K-IRFS 제1103호 '사업결합'에 따라 후속적으로 측정해야 한다.

> (1) 다시 취득한 권리(재취득한 권리)
> (2) 취득일 현재 인식한 우발부채
> (3) 보상자산
> (4) 조건부대가

(1) 다시 취득한 권리

무형자산으로 인식한 다시 취득한 권리는 그 권리가 부여된 계약의 남은 계약기간에 걸쳐 상각한다. 후속적으로 다시 취득한 권리를 제3자에게 매각하는 경우에는, 무형자산의 매각차손익을 산정할 때 장부금액을 포함한다.

(2) 우발부채

취득자는 사업결합에서 인식한 우발부채를 처음 인식 이후 정산, 취소, 소멸하기 전까지 다음 중 큰 금액으로 측정한다.

① K-IFRS 제1037호 '충당부채, 우발부채 및 우발자산'에 따라 인식하여야 할 금액
② 처음 인식금액에서, 적절하다면 K-IFRS 제1115호 '고객과의 계약에서 생기는 수익'의 원칙에 따라 누적 수익 금액을 차감한 금액

(3) 보상자산

각 후속 보고기간 말에, 취득자는 취득일에 보상대상부채나 보상대상자산과 동일한 근거로 인식한 보상자산을 측정한다. 이때 보상금액에 대한 계약상 제약과 보상자산의 회수가능성에 대한 경영진의 검토(보상자산을 후속적으로 공정가치로 측정하지 않는 경우)를 반영한다. 취득자는 보상자산을 회수하거나 팔거나 그 밖에 보상자산에 대한 권리를 상실하는 경우에만 그 보상자산을 제거한다.

(4) 조건부대가

조건부대가는 보통 특정 미래 사건이 일어나거나 특정 조건이 충족되는 경우에, 피취득자에 대한 지배력과 교환된 부분으로 피취득자의 이전 소유주에게 자산이나 지분을 추가적으로 이전하여야 하는 취득자의 의무를 말한다. 조건부대가의 후속측정은 취득일 현재 존재한 사실과 상황으로 인한 조건부대가의 변동인지 혹은 취득일 이후에 발생한 사건으로 인한 조건부대가의 변동인지에 따라 다음과 같이 구분된다.

구분	자본으로 분류된 조건부대가	자산이나 부채로 분류된 조건부대가
취득일 현재 존재한 사실과 상황	측정기간의 조정 사항으로 보고 회계처리	
취득일 이후에 발생한 사건	측정기간의 조정 사항이 아님	
	자본으로 분류된 조건부대가는 재측정하지 않으며, 그 후속 정산은 자본 내에서 회계처리	각 보고기간 말에 공정가치로 재측정하며, 공정가치의 변동은 당기손익으로 인식함

보론 1 | 사업결합거래 시 법인세기간배분

식별가능한 취득자산과 인수부채의 일시적차이	사업결합을 하는 과정에서 식별할 수 있는 취득자산과 인수부채의 일시적차이는 영업권 또는 염가매수차익에 반영하여 회계처리
영업권의 일시적차이	K-IFRS에서는 영업권의 일시적차이로 인한 이연법인세부채를 인식하지 않음
세무상결손금	① 취득자의 세무상결손금: 피취득자의 취득자산을 구성하지 않으므로 사업결합 거래의 일부로 회계처리하지 않고 취득자의 재무제표에 별도로 반영함 ② 피취득자의 세무상결손금: 피취득자의 식별가능한 취득자산에 해당하므로 이연법인세자산을 인식하고 영업권 또는 염가매수차익에 반영하여 회계처리
적용세율	이연법인세자산·부채와 관련된 자산과 부채를 보유하고 있는 기업에 적용할 세율로 이연법인세자산·부채를 측정함

⊘ 참고

1. 영업권의 일시적차이로 인한 이연법인세부채를 인정하지 않는 이유

    영업권은 이전대가와 식별할 수 있는 취득자산에서 인수부채를 차감한 잔액의 차이의 잔여금액으로 측정되므로 이연법인세부채의 인식은 영업권의 장부금액을 증가시키게 된다. 영업권의 장부금액의 증가분만큼 다시 이연법인세부채를 인식하면 다시 영업권의 장부금액을 증가시킬 것이므로 영업권 계산의 순환에 빠지기 때문이다.

2. 세무상결손금

    사업결합에서는 취득자는 영업권과 분리하여 피취득자의 식별가능한 취득자산, 인수부채를 인식해야 한다. 따라서 피취득자의 세무상결손금은 피취득자의 식별가능한 취득자산이지만, 취득자의 세무상결손금은 피취득자와 무관하다. 따라서 취득자의 세무상결손금은 사업결합거래로 회계처리해서는 아니 된다.

3. 「법인세법」상 적격합병

    적격합병은 「법인세법」에 따라 기업 구조조정 촉진과 경쟁력 제고를 위해 세금 납부 연기 등 세제 지원 혜택을 받을 수 있는 합병을 말한다. 적격합병으로 인정되기 위해서는 ① 사업목적의 합병, ② 지분의 연속성, ③ 사업의 계속성, ④ 고용승계 요건 등 4가지 요건을 모두 갖추어야 한다.

    ① 사업목적의 합병: 합병등기일 현재 1년 이상 사업을 계속하던 내국법인 간 합병이어야 한다.

    ② 지분의 연속성: 피합병법인의 주주가 합병으로 인하여 받은 합병대가의 총합계액 중 합병법인의 주식 또는 합병법인의 모회사의 주식의 가액(시가)이 100분의 80 이상으로서 그 주식이 대통령령으로 정하는 바에 따라 배정되어야 하고, 피합병법인의 일정 지배주주 등이 합병등기일이 속하는 사업연도 종료일까지 그 주식을 보유하여야 한다.

    ③ 사업의 계속성: 합병법인은 합병등기일이 속하는 사업연도의 종료일까지 피합병법인으로부터 승계받은 사업을 계속하여야 한다.

    ④ 고용승계 요건: 합병등기일 1개월 전 당시 피합병법인에 종사하는 내국인 근로자 중 합병법인이 승계한 근로자의 비율이 80% 이상이고, 합병등기일이 속하는 사업연도의 종료일까지 그 비율을 유지하여야 한다.

01. 정의

주로 지분을 교환하여 이루어지는 사업결합의 경우에 취득자는 보통 지분을 발행하는 기업이다. 그러나 역취득(Reverse Acquisition)은 일부 사업결합에서 지분을 발행하는 기업이 피취득자가 되는 사업결합을 말한다. 그 예로는 비상장기업이 상장하기 위해 비상장기업보다 작은 기업에 의하여 법적으로 취득되는 것으로 약정한 합병이 있다. 법적으로는 작은 상장기업이 취득자이고 비상장기업이 피취득자이나 거래의 실질로 판단해보면 큰 비상장기업이 취득자이고 작은 상장기업이 피취득자가 되는 경우 이를 실무에서는 역합병(Reverse Merger) 또는 우회상장(Back-door Listing)이라는 용어로 표현하기도 한다.

역취득은 증권을 발행한 기업(법적 취득자)을 회계목적상 피취득자로 식별할 때 발생한다. 지분을 취득당한 기업(법적 피취득자)은 역취득으로 보는 거래에서 회계목적상 취득자이다. 예를 들어 역취득은 때로 비상장기업이 상장하기를 원하지만 자신의 지분이 등록되는 것은 원하지 않을 때 발생한다. 이를 위하여 비상장기업은 상장기업이 자신의 지분과 교환하여 비상장기업의 지분을 취득하도록 상장기업과 약정을 할 것이다. 이 예에서 상장기업은 지분을 발행하기 때문에 법적 취득자이고, 비상장기업은 지분을 취득당하기 때문에 법적 피취득자이다. 그러나 거래의 실질로 판단해보면 다음과 같이 식별하게 된다.

① 회계목적상 피취득자(회계상 피취득자)로서 상장기업
② 회계목적상 취득자(회계상 취득자)로서 비상장기업

사례

예를 들어, A회사의 발행주식수는 100주이고, B회사의 발행주식수는 60주이다. A회사는 B회사의 보통주 각 1주와 교환하여 2.5주를 발행하고, B회사 주주 모두 자신들이 보유하고 있는 B회사 주식을 교환하였다. 따라서 A회사는 B회사의 보통주 60주 모두에 대해 150주를 발행하여 사업결합을 하였다고 가정하면 다음과 같이 분석된다.

A회사(법적 지배기업)가 150주를 발행한 결과 B회사(법적 종속기업)의 주주는 A회사 주식의 60% [= 150주/(100주+150주)]를 소유하게 된다. 나머지 40%는 A회사의 기존주주가 소유하고 있다. 따라서 지분을 교환하여 이루어지는 사업결합의 경우 취득자는 사업결합 후 결합기업에 대한 상대적인 의결권에 의하여 결정되므로 B회사의 주주가 상대적인 의결권이 크기 때문에 법적 지배기업인 A회사가 피취득자이며, 법적 종속기업인 B회사가 취득자인 역취득으로 판단한다. 이를 요약하면 다음과 같다.

구분	A회사	B회사
법률적 관점	법적 지배기업	법적 종속기업
사업결합 후 결합기업에 대한 상대적인 의결권	A사 주주: 40% 100주/(100주 + 150주) = 40%	B사 주주: 60% 150주/(100주 + 150주) = 60%
회계적 실질에 의한 취득자의 판단	피취득자 (∵ 사업결합 후 상대적인 의결권이 적음)	취득자 (∵ 사업결합 후 상대적인 의결권이 큼)

거래를 역취득으로 회계처리하기 위하여 회계상 피취득자는 사업의 정의를 충족해야 하며, 영업권 인식 요구사항을 포함한 K-IFRS 제1103호 '사업결합'의 모든 인식원칙과 측정원칙을 적용해야 한다.

02. 이전대가의 측정

역취득에서 회계상 취득자는 보통 피취득자에게 대가를 발행하지 않는다. 그 대신에 회계상 피취득자가 보통 회계상 취득자의 소유주에게 자신의 지분을 발행한다. 따라서 회계상 피취득자의 지분에 대하여 회계상 취득자가 이전한 대가의 취득일 공정가치는 법적 지배기업의 소유주가 역취득의 결과로 결합기업에 대하여 보유하는 지분과 같은 비율이 유지되도록, 법적 종속기업이 법적 지배기업의 소유주에게 교부하였어야 할 법적 종속기업 지분의 수량에 기초한다. 이러한 방식으로 산정한 지분 수량의 공정가치를 피취득자와의 교환으로 이전한 대가의 공정가치로 사용한다.

03. 연결재무제표의 작성과 표시

역취득에 따라 작성한 연결재무제표는 법적 지배기업(회계상 피취득자)의 이름으로 발행하지만 법적 종속기업(회계상 취득자)의 재무제표가 지속되는 것으로 주석에 기재하되, 회계상 피취득자의 법적 자본을 반영하기 위하여 회계상 취득자의 법적 자본을 소급하여 수정한다.

04. 비지배지분

역취득에서 법적 피취득자(회계상 취득자)의 소유주 중 일부는 자신이 보유하고 있는 지분을 법적 취득자(회계상 피취득자)의 지분과 교환하지 않을 수 있다. 그 예로서 [사례]에서 B회사의 보통주 60주 중 56주만 교환하는 경우를 들 수 있다.

① 역취득에서, 법적 피취득자(회계상 취득자)의 소유주 중 일부는 자신이 보유하고 있는 지분을 법적 취득자(회계상 피취득자)의 지분과 교환하지 않을 수 있다. 그러한 소유주는 역취득 후 연결재무제표에서 비지배지분으로 처리된다. 이는 법적 피취득자의 소유주가 자신의 지분을 법적 취득자의 지분으로 교환하지 않는 경우에 결과적으로 결합기업의 영업성과나 순자산이 아닌 법적 피취득자의 영업성과나 순자산에 대한 지분만을 갖게 하기 때문이다. 이와 반대로 법적 취득자가 회계목적상 피취득자라도, 법적 취득자의 소유주는 결합기업의 영업성과와 순자산에 대한 지분을 갖는다.
② 법적 피취득자의 자산과 부채는 연결재무제표에서 사업결합 전 장부금액으로 측정하고 인식한다. 그러므로 일반적인 취득에서 비지배지분을 취득일의 공정가치로 측정하더라도, 역취득에서 비지배지분은 법적 피취득자 순자산의 사업결합 전 장부금액에 대한 비지배주주의 비례적 지분으로 반영한다.

05. 주당이익

(1) 역취득에 따른 연결재무제표상 자본구조는 사업결합을 이루기 위해 법적 취득자(회계상 피취득자)가 발행한 지분을 포함하여 법적 취득자의 자본구조를 반영한다.

(2) 역취득이 생긴 회계기간의 가중평균 유통보통주식수(주당이익을 계산할 때의 분모)는 다음과 같이 산정한다.

① 해당 회계기간의 시작일부터 취득일까지의 유통보통주식수는 그 기간의 법적 피취득자(회계상 취득자)의 가중평균 유통보통주식수에 기초하여 합병 약정에서 정한 교환비율을 곱하여 산정한다.

② 취득일부터 해당 회계기간의 종료일까지 유통보통주식수는 그 기간에 유통되는 법적 취득자(회계상 피취득자)의 실제 보통주식수로 한다.

(3) 역취득에 따른 연결재무제표에 표시되는 취득일 전 각 비교기간의 기본주당순이익은 다음의 ①을 ②로 나누어 계산한다.

① 해당 각 기간의 보통주주에게 귀속하는 법적 피취득자의 당기순손익

② 취득 약정에서 정한 교환비율을 곱한 법적 피취득자의 역사적 가중평균유통보통주식수

⚡ POINT 역취득

정의	일부 사업결합에서 지분을 발행하는 기업이 피취득자가 되는 사업결합
이전대가의 측정	법적 지배기업의 소유주가 역취득의 결과로 결합기업에 대하여 보유하는 지분과 같은 비율이 유지되도록, 법적 종속기업이 법적 지배기업의 소유주에게 교부하였어야 할 법적 종속기업 지분의 수량에 기초함
연결재무제표의 작성과 표시	법적 종속기업(회계상 취득자)의 재무제표가 지속되는 것으로 주석에 기재하되, 회계상 피취득자의 법적 자본을 반영하기 위하여 회계상 취득자의 법적 자본을 소급하여 수정함
비지배지분	비지배지분은 법적 피취득자 순자산의 사업결합 전 장부금액에 대한 비지배주주의 비례적 지분으로 반영함

보론3 | 기타주제

01. 사업결합 전에 취득자나 취득자의 대리인이 체결하거나 피취득자(또는 피취득자의 이전 소유주)의 효익보다는 주로 취득자나 결합기업의 효익을 위하여 체결한 거래는 별도 거래일 가능성이 높다. 다음은 취득법을 적용하지 않는 별도 거래의 예이다.

(1) 취득자와 피취득자 사이의 기존 관계를 사실상 정산하는 거래

(2) 미래 용역에 대하여 종업원이나 피취득자의 이전 소유주에게 보상하는 거래

(3) 피취득자나 피취득자의 이전 소유주가 대신 지급한 취득자의 취득관련원가를 피취득자나 피취득자의 이전 소유주에게 변제하는 거래

02. 사업결합으로 기존 관계를 사실상 정산하는 경우에 취득자는 다음과 같이 측정한 차손익을 인식한다.

(1) 기존의 비계약관계(예 소송)는 공정가치

(2) 기존의 계약관계는 다음 ①과 ② 중 적은 금액

① 계약이 같거나 비슷한 항목의 현행 시장거래조건과 비교하여 취득자의 관점에서 유리하거나 불리한 경우에 그 금액. (불리한 계약은 현행 시장 조건에서 불리한 계약이다. 이 계약은 계약상의 의무 이행에서 생기는 회피불가능한 원가가 그 계약에서 받을 것으로 기대하는 경제적 효익을 초과하는 손실부담계약일 필요는 없다)

② 거래상대방에게 불리한 조건으로 사용될 수 있는 계약에서 거래상대방에게 정산 규정을 분명하게 밝힌 경우의 그 금액

만약 ②가 ①보다 적을 경우, 그 차이는 사업결합 회계처리의 일부로 포함한다.

해커스 IFRS 김원종 POINT 고급회계

Chapter 02

연결회계

Ⅰ 연결재무제표의 의의

Ⅱ 연결재무제표 작성기업과 별도재무제표

Ⅲ 지배력

Ⅳ 연결재무제표의 종류와 작성원칙

Ⅴ 연결회계이론

Ⅵ 연결회계의 기본원리

Ⅶ 투자주식과 자본계정의 상계제거

Ⅷ 내부거래와 미실현손익

Ⅸ 연결자본계정의 계산방법

Ⅰ | 연결재무제표의 의의

01 사업결합과 연결회계

사업결합의 정의	사업결합은 취득자가 하나 이상의 사업에 대한 지배력을 획득하는 거래나 그 밖의 사건
취득자의 정의	피취득자에 대한 지배력을 획득한 기업
피취득자의 정의	취득자가 사업결합으로 지배력을 획득한 대상 사업이나 사업들

(1) 합병

합병이란 둘 이상의 기업이나 사업이 법률적 및 경제적으로 하나의 기업으로 통합되는 사업결합을 말한다. 이러한 합병의 방법은 「상법」의 규정에 따라 흡수합병과 신설합병으로 구분된다.

(2) 취득

취득은 주식을 취득하여 다른 기업이나 사업의 지배력을 획득하는 거래를 말한다.

[그림 2-1] 사업결합의 유형

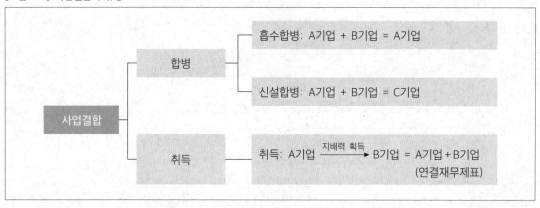

02 연결재무제표의 정의와 작성목적

연결재무제표의 정의	지배기업과 그 지배기업의 모든 종속기업을 하나의 경제적 실체로 간주하여 작성된 재무제표
연결재무제표의 작성목적	연결실체의 투자자, 대여자와 그 밖의 채권자들에게 연결실체 전체의 재무상태나 재무성과에 관한 정보를 제공하기 위한 것

03 연결재무제표의 유용성과 한계점

연결재무제표의 유용성	① 지배기업과 종속기업은 경제적으로 단일실체이므로 지배기업의 경영자가 연결실체를 총체적으로 파악하고 경영자원을 활용하기 위해서는 연결대상 전체의 재무상태와 재무성과에 대한 정보인 연결재무제표가 유용할 수 있음 ② 지배기업은 종속기업의 재무정책과 영업정책을 결정할 수 있으므로 지배기업만의 재무상태와 경영성과를 표시한 재무보고는 이해관계자가 지배기업을 평가하는 데 한계가 있을 수 있으므로 연결재무제표는 연결전체의 재무상태와 재무성과를 평가하는 데 유용할 수 있음 ③ 연결재무제표를 작성하면 지배기업과 종속기업의 내부거래와 상호출자 등이 제거되기 때문에 개별재무제표의 왜곡을 방지하고 이익을 조작할 가능성을 감소시킴 ④ 전세계 대부분의 국가에서는 연결재무제표를 주된 재무제표로 규정하고 있으므로 자본시장의 국제화에 따라 다국적기업의 재무제표에 국제적 비교가능성을 증진시킴
연결재무제표의 한계점	① 연결대상 기업의 범위를 경제적 실질에 맞게 규정하지 못한 경우에는 연결재무제표의 유용성이 저하될 수 있음 ② 연결대상이 되는 개별기업들의 업종이나 회계처리방법 등이 서로 다른 경우 연결재무제표가 제공하는 정보는 왜곡될 수 있음 ③ 채권자나 법적인 계약당사자, 과세당국 등 개별기업의 이해관계자들에게 연결재무제표만을 제공하는 경우에는 정보의 유용성에 한계가 있음

Ⅱ | 연결재무제표 작성기업과 별도재무제표

01 연결재무제표 작성기업

하나 이상의 다른 기업(종속기업)을 지배하는 기업(지배기업)은 연결재무제표를 표시한다.

02 연결재무제표 작성의무의 면제

연결재무제표 작성의무의 면제	다음의 조건을 모두 충족하는 지배기업은 연결재무제표를 표시하지 아니할 수 있음 ① 지배기업이 그 자체의 지분을 모두 소유한 다른 기업의 종속기업이거나, 지배기업이 그 자체의 지분 일부를 소유한 다른 기업의 종속기업이면서 그 지배기업이 연결재무제표를 작성하지 않는다는 사실을 그 지배기업의 다른 소유주들(의결권이 없는 소유주 포함)에게 알리고 그 다른 소유주들이 그것을 반대하지 않는 경우 ② 지배기업의 채무상품이나 지분상품이 공개시장(국내 · 국외 증권거래소나 장외시장, 지역시장 포함)에서 거래되지 않는 경우 ③ 지배기업이 공개시장에서 증권을 발행하기 위하여 증권감독기구나 그 밖의 감독기관에 재무제표를 제출한 적이 없으며 제출하는 과정에 있지도 않은 경우 ④ 지배기업의 최상위 지배기업이나 중간지배기업이 한국채택국제회계기준을 적용하여 작성한 공개적으로 사용할 수 있는 재무제표에 이 기준서에 따라 종속기업을 연결하거나 종속기업을 공정가치로 측정하여 당기손익에 반영한 경우
투자기업	투자기업인 지배기업이 모든 종속기업을 공정가치로 측정하여 당기손익에 반영하여야 한다면, 연결재무제표를 작성하지 않음

03 투자기업

투자기업의 정의	다음을 모두 충족하는 기업 ① 투자관리용역을 제공할 목적으로 하나 이상의 투자자에게서 자금을 얻음 ② 사업목적이 시세차익, 투자수익이나 둘 다를 위해서 자금을 투자하는 것임을 투자자에게 확약함 ③ 실질적으로 모든 투자자산의 성과를 공정가치로 측정하고 평가함
투자기업의 회계처리	투자기업은 종속기업에 대한 투자자산을 K-IFRS 제1109호 '금융상품'에 따라 공정가치로 측정하여 당기손익에 반영해야 함

> ⊘ 참고 **투자기업의 지배기업**
>
> 투자기업의 지배기업은 자신이 투자기업이 아닐 경우에는, 종속기업인 투자기업을 통해 지배하는 기업을 포함하여 지배하는 모든 기업을 연결한다.

04 별도재무제표

별도재무제표의 정의	기업이 종속기업, 공동기업 및 관계기업에 대한 투자를 원가법, K-IFRS 제1109호 '금융상품'에 따른 방법, K-IFRS 제1028호 '관계기업과 공동기업에 대한 투자'에서 규정하고 있는 지분법 중 어느 하나를 적용하여 표시한 재무제표를 말함
유의사항	① 종속기업, 관계기업, 공동기업 참여자로서 투자지분을 소유하지 않은 기업의 재무제표는 별도재무제표가 아님 ② 연결이 면제되거나 지분법 적용이 면제되는 경우, 그 기업의 유일한 재무제표로서 별도 재무제표만을 재무제표로 작성할 수 있음 ③ 투자기업은 당기와 비교 표시되는 모든 기간에 모든 종속기업에 대해 연결 예외를 적용하고 유일한 재무제표로서 별도재무제표를 표시함
별도재무제표의 작성	별도재무제표를 작성할 때, 종속기업, 공동기업, 관계기업에 대한 투자자산은 다음 a, b, c 중 어느 하나를 선택하여 회계처리함 a. 원가법 b. K-IFRS 제1109호 '금융상품'에 따른 방법(공정가치법) c. K-IFRS 제1028호 '관계기업과 공동기업에 대한 투자'에서 규정하고 있는 지분법
종속기업, 공동기업, 관계기업에서 받는 배당금	① 종속기업, 공동기업, 관계기업에서 받는 배당금은 기업이 배당을 받을 권리가 확정되는 시점에 그 기업의 별도재무제표에 인식함 ② 기업이 배당금을 투자자산의 장부금액에서 차감하는 지분법을 사용하지 않는다면 배당금은 당기손익으로 인식함

Ⅲ | 지배력

K-IFRS 제1110호 '연결재무제표'에서는 하나 이상의 다른 기업(종속기업)을 지배하는 기업(지배기업)은 연결재무제표를 표시하도록 규정하고 있다. 즉, 사업결합거래로 종속기업에 대한 지배력을 획득한 모든 지배기업은 연결재무제표를 작성하여 공시해야 하므로 투자자는, 기업(피투자자)에 관여하는 성격과 관계없이, 피투자자를 지배하는지 평가하여 자신이 지배기업인지를 결정해야 한다.

01 지배력의 의의

지배력의 정의	지배력은 투자자가 피투자자에 관여함에 따라 변동이익에 노출되거나 변동이익에 대한 권리가 있고, 피투자자에 대한 자신의 힘으로 변동이익에 영향을 미치는 능력이 있는 것
지배력의 3요소	① 힘: 피투자자에 대한 힘 ② 이익: 피투자자에 관여함에 따른 변동이익에 대한 노출이나 권리 ③ 힘과 이익의 연관: 투자자의 이익금액에 영향을 미치기 위하여 피투자자에 대한 자신의 힘을 사용하는 능력

[그림 2-2] 지배력의 3요소

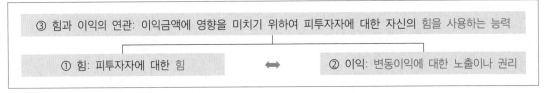

02 지배력의 평가

투자자가 피투자자를 지배하는지 결정할 때 다음 요소를 고려하는 것이 도움이 될 수 있다.

(1) 피투자자의 목적과 설계
(2) 관련 활동이 무엇인지와 그러한 관련 활동이 어떻게 결정되는지
(3) 투자자의 권리로 인해 관련 활동을 지시하는 현재의 능력을 투자자가 갖게 되는지
(4) 투자자가 피투자자에 관여함에 따라 변동이익에 노출되거나 변동이익에 대한 권리가 있는지
(5) 투자자가 자신의 이익 금액에 영향을 미치기 위하여 피투자자에 대한 자신의 힘을 사용하는 능력이 있는지

(1) 피투자자의 목적과 설계

피투자자의 목적과 설계	피투자자에 대한 지배력을 평가할 때, 투자자는 관련 활동이 무엇인지, 관련 활동이 어떻게 결정되는지, 누가 관련 활동을 지시하는 현재의 능력을 가지고 있는지, 누가 관련 활동에서 이익을 얻는지를 알아내기 위하여 피투자자의 목적과 설계를 고려해야 함
유의사항	① 피투자자의 목적과 설계를 고려할 때, 피투자자의 보통주와 같이 보유자에게 비례 의결권을 제공하는 지분상품으로 피투자자를 지배하는 것은 명백할 수 있음 ② 가장 단순한 경우, 다른 요소가 없다면 의결권의 과반수를 보유하는 투자자가 피투자자를 지배함

(2) 관련 활동과 관련 활동의 지시

관련 활동의 정의	피투자자의 이익에 유의적으로 영향을 미치는 피투자자의 활동
관련 활동과 관련 활동의 지시	투자자가 힘을 가지고 있는지는 관련 활동, 관련 활동에 대한 의사결정 방법, 투자자와 다른 당사자들이 피투자자에 대하여 갖는 권리에 따라 결정됨

(3) 피투자자에 대한 힘

정의	투자자가 관련 활동을 지시하는 현재의 능력을 갖게 하는 현존 권리를 보유하고 있을 때, 투자자는 피투자자에 대한 힘이 있음 ① 둘 이상의 투자자 각각이 다른 관련 활동을 지시하는 일방적인 능력을 갖게 하는 현존 권리를 보유하는 경우, 피투자자의 이익에 가장 유의적으로 영향을 미치는 활동을 지시하는 현재의 능력이 있는 투자자는 피투자자에 대한 힘이 있음 ② 방어권만을 보유하는 투자자는 피투자자에 대한 힘이 없으며, 따라서 피투자자를 지배하는 것이 아님
투자자가 피투자자에 대한 힘을 갖게 하는 권리	힘은 권리에서 발생하며, 피투자자에 대한 힘을 갖기 위하여, 투자자는 관련 활동을 지시하는 현재의 능력을 갖게 하는 현존 권리를 보유하고 있어야 함
실질적인 권리	권리가 실질적이려면, 보유자는 그 권리를 행사할 실제 능력을 가져야 함
방어권	① 권리가 투자자에게 피투자자에 대한 힘을 갖게 하는지를 평가할 때, 투자자는 자신의 권리와 다른 투자자들이 갖는 권리가 방어권인지를 평가해야 함 ② 방어권은 그 권리와 관련된 피투자자에 대한 힘을 갖게 하지 않으면서 권리 보유자의 이익을 보호하기 위해 설계되었기 때문에, 방어권만을 보유한 투자자는 피투자자에 대한 힘을 가질 수 없거나, 다른 당사자가 그러한 힘을 갖지 못하게 할 수 없음

의결권의 과반수 보유로 힘을 가지는 경우	피투자자의 의결권 과반수를 보유하는 투자자가 다른 요소가 없다면 다음의 상황에서 힘을 가짐 a. 의결권 과반수 보유자의 결의로 관련 활동을 지시하거나, b. 관련 활동을 지시하는 의사결정기구 구성원의 과반수를 의결권 과반수 보유자의 결의로 선임함
의결권의 과반수를 보유하나 힘을 가지지 않는 경우	투자자는 피투자자의 의결권 과반수를 보유하고 있더라도 그러한 권리가 실질적이지 않다면 피투자자에 대한 힘을 가지지 못함. 예를 들어 정부, 법원, 관재인, 채권자, 청산인, 감독당국이 관련 활동을 지시한다면, 피투자자의 의결권 과반수를 보유하는 투자자는 힘을 가질 수 없음
의결권의 과반수를 보유하지 않고도 힘을 가지는 경우	투자자는 피투자자 의결권의 과반수 미만을 보유하더라도 힘을 가질 수 있는데 그 예는 다음과 같음 a. 투자자와 다른 의결권 보유자 간의 계약상 약정 b. 그 밖의 계약상 약정에서 발생하는 권리 c. 투자자의 의결권 d. 잠재적 의결권 e. 위 a ~ d의 조합

(4) 피투자자의 변동이익에 대한 노출이나 권리

> ① 투자자가 피투자자에 관여하여 투자자의 이익이 피투자자의 성과에 따라 달라질 가능성이 있는 경우 투자자는 변동이익에 노출되거나 변동이익에 대한 권리를 가짐
> ② 투자자의 이익은 양(+)의 금액이거나, 부(-)의 금액이거나, 둘 모두에 해당할 수 있음

(5) 힘과 이익의 연관

> ① 투자자가 피투자자에 대한 힘이 있고 피투자자에 관여함에 따라 변동이익에 노출되거나 변동이익에 대한 권리가 있을 뿐만 아니라, 자신의 이익금액에 영향을 미치도록 자신의 힘을 사용하는 능력이 있다면 투자자는 피투자자를 지배함
> ② 의사결정권이 있는 투자자는 자신이 본인인지 또는 대리인인지를 결정해야 하며, 대리인인 투자자가 자신에게 위임된 의사결정권을 행사하는 경우에는 피투자자를 지배하는 것이 아님

Ⅳ | 연결재무제표의 종류와 작성원칙

01 연결재무제표의 종류 및 양식

K-IFRS에 의하면 연결재무제표는 연결재무상태표, 연결포괄손익계산서, 연결자본변동표, 연결현금흐름표의 4가지로 구성되며, 연결재무제표에 대한 주석을 포함한다.

(1) 연결재무상태표

연결재무상태표는 일정시점의 연결실체의 경제적 자원(자산)과 보고기업에 대한 청구권(부채 및 자본)에 관한 정보를 제공하는 재무제표를 말한다. K-IFRS에서는 연결재무제표에 비지배지분을 연결재무제표에 자본의 구성항목으로 표시하되, 지배기업 소유주지분과는 구분하여 별도로 표시하도록 규정하고 있다.

(2) 연결포괄손익계산서

연결포괄손익계산서는 일정기간 동안의 지분참여자에 의한 출연과 관련된 것은 제외한 순자산의 증감에 의하여 발생하는 연결실체의 재무성과에 관한 정보를 제공하는 재무제표를 말한다. 연결포괄손익계산서의 하단에 당기순이익과 총포괄손익을 지배기업소유주귀속이익과 비지배지분순이익으로 구분하여 손익의 귀속을 표시해야 한다. 또한 주당이익에 대한 정보는 연결실체의 당기순이익 중 지배기업의 소유주에게 귀속되는 주당이익만을 보고해야 한다.

(3) 연결자본변동표

연결자본변동표는 연결실체의 일정시점의 자본의 잔액과 일정기간 동안 자본의 변동에 관한 정보를 제공하는 재무제표를 말한다. 연결자본변동표의 양식은 개별회계상 자본변동표의 양식과 동일한데, 한 가지 차이가 있다면 비지배지분의 변동사항이 추가된다는 점이다. 즉, 연결실체의 자본의 변동을 지배기업소유주지분과 비지배지분으로 구분하여 표시하도록 규정하고 있다.

K-IFRS 제1001호 '재무제표 표시'에 의하면 자본변동표에는 다음의 정보를 포함해야 한다.

① 지배기업의 소유주와 비지배지분에게 각각 귀속되는 금액으로 구분하여 표시한 해당 기간의 총포괄손익
② 자본의 각 구성요소별로, K-IFRS 제1008호에 따라 인식된 소급적용이나 소급재작성의 영향
③ 자본의 각 구성요소별로 다음의 각 항목에 따른 변동액을 구분하여 표시한, 기초시점과 기말시점의 장부금액 조정내역
   a. 당기순손익
   b. 기타포괄손익
   c. 소유주로서의 자격을 행사하는 소유주와의 거래(소유주에 의한 출자와 소유주에 대한 배분, 그리고 지배력을 상실하지 않는 종속기업에 대한 소유지분의 변동을 구분하여 표시)

(4) 연결현금흐름표

연결현금흐름표는 일정기간 동안 재무제표이용자에게 연결실체의 현금및현금성자산의 창출능력과 현금흐름의 사용 용도를 평가하는 데 유용한 기초를 제공하는 재무제표를 말한다. 개별회계상 현금흐름표와의 차이점은 종속기업과 기타 사업부문의 취득과 처분에 따른 총현금흐름은 별도로 표시하고 투자활동으로 분류한다는 것이다. 자세한 설명은 후술하기로 한다.

> 💡 **POINT** 연결재무제표의 종류
>
> 연결재무제표는 연결재무상태표, 연결포괄손익계산서, 연결자본변동표, 연결현금흐름표의 4가지로 구성되며, 연결재무제표에 대한 주석을 포함함

02 연결재무제표 작성원칙

보고기간 종료일	① 지배기업의 보고기간 종료일과 종속기업의 보고기간 종료일이 다른 경우에 종속기업은 연결재무제표를 작성하기 위하여 지배기업이 종속기업의 재무정보를 연결할 수 있도록 지배기업의 재무제표와 같은 보고기간 종료일의 추가 재무정보를 작성함 ② 종속기업이 실무적으로 적용할 수 없다면, 지배기업은 종속기업의 재무제표일과 연결재무제표일 사이에 발생한 유의적인 거래나 사건의 영향을 조정한 종속기업의 가장 최근 재무제표를 사용하여 종속기업의 재무정보를 연결함 ③ 어떠한 경우라도 종속기업의 재무제표일과 연결재무제표일의 차이는 3개월을 초과해서는 안 됨
동일한 회계정책	지배기업은 비슷한 상황에서 발생한 거래와 그 밖의 사건에 동일한 회계정책을 적용하여 연결재무제표를 작성함

V | 연결회계이론

연결재무제표를 작성하는 경우 연결실체의 주체를 누구로 보느냐에 따라 실체이론과 지배기업이론으로 구분되며, 구체적인 회계처리도 상이하게 된다.

구분	실체이론	지배기업이론
비지배주주	연결실체 내의 주주	연결실체 외부의 채권자
비지배지분	자본	부채
영업권	지배기업 소유주와 비지배주주에 대한 영업권을 모두 인식	지배기업 소유주에 대한 영업권만을 인식
종속기업의 순자산	지배기업 소유주지분과 비지배지분 모두 종속기업 순자산공정가치를 기준으로 배분	지배기업 소유주지분은 종속기업 순자산공정가치를 기준으로 배분되며, 비지배지분은 종속기업 순자산장부금액을 기준으로 배분
부(-)의 비지배지분	부(-)의 비지배지분을 자본에서 차감함	부(-)의 비지배지분을 인식하지 않고 지배기업의 이익잉여금과 상계함
하향내부거래	전액제거	전액제거
상향내부거래	전액제거 후 지배기업 소유주지분과 비지배지분으로 배분	지배기업 소유주지분만 제거
연결당기순이익	지배기업 소유주 귀속 이익과 비지배지분순이익을 모두 포함	지배기업 소유주 귀속 이익으로만 구성

> ⊘ 참고 **K-IFRS에 반영된 연결회계이론**
>
> K-IFRS에서는 실체이론에 기반하여 연결재무제표를 작성하도록 규정하고 있으나, 실무적으로 적용하기 힘든 비지배지분영업권의 인식의 회계처리에서 실체이론과 지배기업이론을 선택할 수 있도록 규정하고 있다. K-IFRS에 반영된 연결회계이론은 다음과 같다.
>
> | 구분 | K-IFRS | 관련 이론 |
> |---|---|---|
> | 비지배주주 | 연결실체 내의 주주 | 실체이론 |
> | 비지배지분 | 자본 | 실체이론 |
> | 영업권 | [방법 1] 지배기업 소유주와 비지배주주에 대한 영업권을 모두 인식
또는
[방법 2] 지배기업 소유주에 대한 영업권만을 인식 | 실체이론

지배기업이론 |
> | 종속기업의 순자산 | 지배기업 소유주지분과 비지배지분 모두 종속기업 순자산공정가치를 기준으로 배분 | 실체이론 |
> | 부(-)의 비지배지분 | 부(-)의 비지배지분을 자본에서 차감함 | 실체이론 |
> | 하향내부거래 | 전액제거 | 실체이론 |
> | 상향내부거래 | 전액제거 후 지배기업 소유주지분과 비지배지분으로 배분 | 실체이론 |
> | 연결당기순이익 | 지배기업 소유주 귀속 이익과 비지배지분순이익을 모두 포함 | 실체이론 |

Ⅵ | 연결회계의 기본원리

01 연결재무제표의 작성절차

연결재무제표의 작성방법	[1단계]: A회사 + B회사 = F/S 단순합산 [2단계]: 연결조정분개 [3단계]: 연결재무제표 작성
지배력획득일에 연결재무제표를 작성하는 경우	연결재무상태표만 작성
지배력획득일 이후에 연결재무제표를 작성하는 경우	연결재무상태표, 연결포괄손익계산서, 연결자본변동표 및 연결현금흐름표를 작성함
연결정산표	연결재무제표를 작성하기 위하여 개별기업의 재무제표의 각 계정과목을 합산하고 연결조정분개를 반영하여 연결재무제표의 각 계정과목의 잔액을 보여주는 정산표

[그림 2-3] 연결재무제표의 작성방법

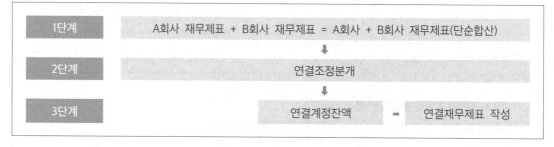

[그림 2-4] 연결정산표

연결정산표

구분	A회사 (지배기업)	B회사 (종속기업)	합계	연결조정분개		연결 재무제표
				차변	대변	
<차변: 자산, 비용>						
자산						
비용						
차변합계						
<대변: 부채, 자본, 수익>						
부채						
자본						
수익						
대변합계						

02 비지배지분

비지배지분	종속기업에 대한 지분 중 지배기업에 직접이나 간접으로 귀속되지 않는 지분
비지배주주	지배기업을 제외한 종속기업의 주주
비지배지분의 회계처리	① 종속기업의 비지배주주를 지배기업의 소유주와 동등한 지위를 갖는 주주로 간주하는 실체이론을 따르고 있음 ② 지배기업은 비지배지분을 연결재무상태표에서 자본에 포함하되 지배기업의 소유주지분과는 구분하여 별도로 표시함

> ⊘ 참고 **비지배지분이 부채가 아닌 이유**
>
> 국제회계기준위원회는 비지배지분이 '재무보고를 위한 개념체계'에서 부채의 정의를 충족하지 못하기 때문에 부채가 아니라고 결론지었다. 개념체계에서 부채는 과거사건에 의하여 발생하였으며 경제적 효익을 갖는 자원이 기업으로부터 유출됨으로써 이행될 것으로 기대되는 현재의무라고 기술하고 있다. 따라서 부채의 본질적 특성은 기업이 현재의무를 갖고 있다는 것이며 의무란 특정 방법으로 실행하거나 수행할 책무(Duty) 또는 책임(Responsibility)이라고 설명하고 있다. 그러나 종속기업 순자산에 대한 비지배지분의 존재는 현재의무(결제하게 되면 연결실체로부터 경제적 효익이 유출될 것이 예상되는)를 발생시키지 않기 때문에 부채의 정의를 충족하지 못한다. 대신에, 국제회계기준위원회는 비지배지분이 연결실체 내 종속기업의 일부 주주가 보유하는 해당 종속기업 순자산에 대한 잔여지분을 나타내므로 개념체계의 자본 정의를 충족한다고 보아 연결재무상태표에서 자본에 포함하되 지배기업의 소유주지분과는 구분하여 별도로 표시하도록 규정하고 있다.

03 연결조정사항

연결재무제표의 작성방법	[1단계] A회사 + B회사 = F/S 단순합산 [2단계] 연결조정분개 [3단계] 연결재무제표 작성
연결조정분개	[예비 1단계] 종속기업의 투자주식 원가법 환원분개 [예비 2단계] 지배기업이 종속기업으로부터 수취한 배당금수익 취소분개 [1단계] 투자주식과 자본계정의 상계제거 [2단계] 채권·채무 상계제거 [3단계] 내부거래제거 [4단계] 비지배지분순이익 계상

VII | 투자주식과 자본계정의 상계제거

01 투자차액

(1) 투자차액의 성격

종속기업의 투자주식계정은 취득시점에서 종속기업의 순자산장부금액에 대한 지배기업의 지분(몫)과 투자주식의 취득원가가 일치하지 않는 경우가 일반적이다. 이러한 투자차액은 자산 및 부채의 장부금액과 공정가치의 차이 중 지배기업의 지분(몫)과 영업권 또는 염가매수차익으로 구성된다.

> ① 투자차액 = 투자주식의 취득원가 - 종속기업의 순자산장부금액 × 지배기업지분율
> ② 영업권 = 투자주식의 취득원가 - 종속기업의 순자산공정가치 × 지배기업지분율
> ③ 염가매수차익 = 종속기업의 순자산공정가치 × 지배기업지분율 - 투자주식의 취득원가

(2) 지배력획득일의 투자차액의 회계처리

정의	① 자산 및 부채의 장부금액과 공정가치의 차이 중 지배기업의 지분(몫) ② 영업권 또는 염가매수차익
회계처리	① 종속기업의 순자산장부금액 중 지배기업의 지분: 별도의 조정이 필요 없음 ② 자산 및 부채의 장부금액과 공정가치의 차이: 연결조정분개 시 해당 자산과 부채에 가감하여 종속기업의 자산과 부채를 공정가치로 조정한 후 투자주식과 상계함 ③ 영업권: 영업권의 상각은 허용되지 않으며, 대신 매 보고기간마다 손상검사를 수행하며, 영업권에 대하여 인식한 손상차손은 후속기간에 환입을 인정하지 아니함 ④ 염가매수차익: 모든 취득자산과 인수부채를 정확하게 식별하였는지 재검토하고 재검토 이후의 잔액은 취득일에 그 차익을 당기손익으로 인식함

사례 | 비지배지분이 있는 경우: 지배력획득일의 연결

20×1년 초에 A회사는 B회사의 보통주 60%를 ₩800,000에 취득하여 지배력을 획득하였다. 20×1년 초 현재 B회사의 순자산은 ₩1,000,000(자본금 ₩700,000, 자본잉여금 ₩200,000, 이익잉여금 ₩100,000)이었다.

(1) 20×1년 초에 A회사와 B회사의 재무상태표는 다음과 같다.

재무상태표
20×1년 1월 1일 현재 (단위: 원)

	A회사	B회사		A회사	B회사
현금및현금성자산	700,000	300,000	부채	2,000,000	1,000,000
투자주식(B회사)	800,000	-	자본금	1,400,000	700,000
재고자산	500,000	400,000	자본잉여금	400,000	200,000
토지	1,000,000	800,000	이익잉여금	200,000	100,000
건물(순액)	1,000,000	500,000			
	4,000,000	2,000,000		4,000,000	2,000,000

(2) 20×1년 초 현재 B회사의 장부금액과 공정가치가 다른 자산과 부채는 다음과 같다.

구분	장부금액	공정가치
재고자산	₩400,000	₩450,000
토지	₩800,000	₩850,000
건물	₩500,000	₩600,000

(3) A회사는 B회사의 투자주식을 원가법으로 회계처리하고 있다.

물음1 20×1년 초에 연결재무제표를 작성하는 경우 연결재무상태표에 계상될 영업권은 얼마인가?

물음2 20×1년 초에 연결재무제표를 작성하는 경우 연결조정분개를 나타내시오.

해답 **물음1**

투자주식의 취득원가		₩800,000
B회사의 순자산장부금액	₩1,000,000	
재고자산 과소평가	₩50,000	
토지 과소평가	₩50,000	
건물 과소평가	₩100,000	
계	₩1,200,000	
지배기업지분율	× 60%	₩(720,000)
영업권		₩80,000

물음2

	(차)			(대)		
	(차) 자본금(B)	700,000		(대) 투자주식	800,000	
	자본잉여금(B)	200,000		비지배지분	480,000[1)	
투자주식과	이익잉여금(B)	100,000				
자본계정의 상계	재고자산	50,000				
	토지	50,000				
	건물	100,000				
	영업권	80,000				

1) 비지배지분: (₩1,000,000 + ₩50,000 + ₩50,000 + ₩100,000) × 40% = ₩480,000

(3) 지배력획득연도의 투자차액의 회계처리

① 취득시점 기준으로 자산 및 부채의 장부금액과 공정가치의 차이를 연결조정분개 시 해당 자산과 부채에 가감하여 종속기업의 자산과 부채를 공정가치로 수정한 후 종속기업의 취득시점 순자산공정가치에 지배기업지분율을 곱하여 산출한 금액과 투자주식과 상계하여 차액은 영업권과 염가매수차익을 계산하며, 비지배지분은 종속기업의 취득시점 순자산공정가치에 비지배지분율을 곱하여 계상함
② 종속기업의 장부금액과 공정가치가 다른 자산과 부채 중 재고자산은 외부로 판매된 경우 매출원가에 재고자산에 대한 장부금액과 공정가치의 차액을 추가로 조정함
③ 종속기업의 장부금액과 공정가치가 다른 자산과 부채 중 감가성 자산이 있을 경우 이 차액에 대한 추가적인 감가상각 효과를 인식함
④ 종속기업의 장부금액과 공정가치가 다른 자산과 부채와 관련된 추가계상된 수익과 비용은 지배기업지분율과 비지배지분율에 따라 각각 지배기업 소유주와 비지배지분에 배분함

사례 · 비지배지분이 있는 경우: 지배력획득연도의 연결

20×1년 초에 A회사는 B회사의 보통주 60%를 ₩800,000에 취득하여 지배력을 획득하였다. 20×1년 초 현재 B회사의 순자산은 ₩1,000,000(자본금 ₩700,000, 자본잉여금 ₩200,000, 이익잉여금 ₩100,000)이었다.

(1) 20×1년 말에 A회사와 B회사의 재무상태표와 20×1년의 포괄손익계산서는 다음과 같다.

재무상태표
20×1년 12월 31일 현재 (단위: 원)

	A회사	B회사		A회사	B회사
현금및현금성자산	1,100,000	500,000	부채	2,200,000	1,100,000
투자주식(B회사)	800,000	–	자본금	1,400,000	700,000
재고자산	800,000	600,000	자본잉여금	400,000	200,000
토지	1,000,000	800,000	이익잉여금	500,000	300,000
건물(순액)	800,000	400,000			
	4,500,000	2,300,000		4,500,000	2,300,000

포괄손익계산서
20×1년 1월 1일부터 20×1년 12월 31일까지 (단위: 원)

	A회사	B회사
매출액	1,000,000	500,000
매출원가	(500,000)	(200,000)
매출총이익	500,000	300,000
감가상각비	(200,000)	(100,000)
당기순이익	300,000	200,000

(2) 20×1년 초 현재 B회사의 장부금액과 공정가치가 다른 자산과 부채는 다음과 같다.

구분	장부금액	공정가치
재고자산	₩400,000	₩450,000
토지	₩800,000	₩850,000
건물	₩500,000	₩600,000

재고자산은 선입선출법을 적용하여 20×1년 중 전액 외부로 판매되었으며, 토지는 20×1년 말 현재 보유 중이다. 건물은 20×1년 초 현재 잔존내용연수는 5년이며, 잔존가치는 없고 정액법으로 감가상각한다.

(3) A회사는 B회사의 투자주식을 원가법으로 회계처리하고 있으며, 영업권은 20×1년 말까지 손상되지 않았다.

(4) 20×1년 초 현재 A회사의 순자산은 ₩2,000,000(자본금 ₩1,400,000, 자본잉여금 ₩400,000, 이익잉여금 ₩200,000)이었다.

20×1년 말에 연결재무제표를 작성하는 경우 연결조정분개를 나타내시오.

해답 **[투자주식과 자본계정의 상계제거]**

① 투자주식과 자본계정의 상계	(차) 자본금(B)	700,000	(대) 투자주식	800,000
	자본잉여금(B)	200,000	비지배지분	480,000[3]
	이익잉여금(B)	100,000[1]		
	재고자산	50,000		
	토지	50,000		
	건물	100,000		
	영업권	80,000[2]		

[1] 20×1년 초 이익잉여금
[2] 영업권: ₩800,000 - (₩1,000,000 + ₩200,000) × 60% = ₩80,000
[3] 비지배지분: (₩1,000,000 + ₩200,000) × 40% = ₩480,000

② 투자차액의 상각	(차) 매출원가	50,000[1]	(대) 재고자산	50,000
	(차) 감가상각비	20,000[2]	(대) 감가상각누계액(건물)	20,000

[1] 장부금액과 공정가치가 다른 재고자산은 외부로 판매된 경우 매출원가에 재고자산에 대한 장부금액과 공정가치의 차액을 추가로 조정해 주어야 함
[2] 종속기업의 장부금액과 공정가치가 다른 감가성 유형자산인 건물은 이 차액(₩20,000 = ₩100,000/5년)에 대한 추가적인 감가상각 효과를 인식해야 함

[비지배지분순이익 계상]

③ 비지배지분순이익 계상	(차) 이익잉여금	52,000	(대) 비지배지분	52,000[1]

[1]
B회사 보고된 당기순이익	₩200,000
매출원가	₩(50,000)
감가상각비	₩(20,000)
B회사 연결조정후 당기순이익	₩130,000
비지배지분율	×40%
비지배지분순이익	₩52,000

(4) 지배력획득연도 이후의 투자차액의 회계처리

① 취득시점 기준으로 자산 및 부채의 장부금액과 공정가치의 차이를 연결조정분개 시 해당 자산과 부채에 가감하여 종속기업의 자산과 부채를 공정가치로 수정한 후 투자주식과 상계하여 영업권과 염가매수차익을 계상함

② 전기이전의 장부금액과 공정가치 차액에 대한 상각분이 있는 경우 전기이월이익잉여금에 직접 반영하여 조정하며, 지배기업지분율에 해당분은 전기이월이익잉여금에 가감하고 비지배지분율에 해당분은 비지배지분에 부담시킴

③ 종속기업의 장부금액과 공정가치가 다른 자산과 부채 중 감가성 자산이 있을 경우 이 차액에 대한 추가적인 감가상각 효과를 인식함

④ 종속기업의 장부금액과 공정가치가 다른 자산과 부채와 관련된 당기에 추가계상된 수익과 비용은 지배기업 지분율과 비지배지분율에 따라 각각 지배기업과 비지배지분에 부담시킴

사례　비지배지분이 있는 경우: 지배력획득연도 이후의 연결

20×1년 초에 A회사는 B회사의 보통주 60%를 ₩800,000에 취득하여 지배력을 획득하였다. 20×1년 초 현재 B회사의 순자산은 ₩1,000,000(자본금 ₩700,000, 자본잉여금 ₩200,000, 이익잉여금 ₩100,000)이었다.

(1) 20×2년 말에 A회사와 B회사의 재무상태표와 20×2년의 포괄손익계산서는 다음과 같다.

재무상태표
20×2년 12월 31일 현재 　(단위: 원)

	A회사	B회사		A회사	B회사
현금및현금성자산	1,300,000	700,000	부채	2,400,000	1,300,000
투자주식(B회사)	800,000	–	자본금	1,400,000	700,000
재고자산	1,300,000	800,000	자본잉여금	400,000	200,000
토지	1,000,000	800,000	이익잉여금	800,000	400,000
건물(순액)	600,000	300,000			
	5,000,000	2,600,000		5,000,000	2,600,000

포괄손익계산서
20×2년 1월 1일부터 20×2년 12월 31일까지 　(단위: 원)

	A회사	B회사
매출액	940,000	700,000
매출원가	(500,000)	(400,000)
매출총이익	440,000	300,000
배당금수익	60,000	–
감가상각비	(200,000)	(100,000)
당기순이익	300,000	200,000

(2) 20×1년 초 현재 B회사의 장부금액과 공정가치가 다른 자산과 부채는 다음과 같다.

구분	장부금액	공정가치
재고자산	₩400,000	₩450,000
토지	₩800,000	₩850,000
건물	₩500,000	₩600,000

재고자산은 선입선출법을 적용하여 20×1년 중 전액 외부로 판매되었으며, 토지는 20×2년 말 현재 보유 중이다. 건물은 20×1년 초 현재 잔존내용연수는 5년이며, 잔존가치는 없고 정액법으로 감가상각한다.

(3) A회사는 B회사의 투자주식을 원가법으로 회계처리하고 있으며, 영업권은 20×2년 말까지 손상되지 않았다.

(4) B회사는 20×1년에 ₩200,000의 당기순이익을 보고하였으며, 20×2년에 ₩100,000의 현금배당을 실시하여 A회사가 수령한 금액은 ₩60,000이다.

(5) 20×1년 초 현재 A회사의 순자산은 ₩2,000,000(자본금 ₩1,400,000, 자본잉여금 ₩400,000, 이익잉여금 ₩200,000)이었으며, 20×1년에 ₩300,000의 당기순이익을 보고하였다.

20×2년 말에 연결재무제표를 작성하는 경우 연결조정분개를 나타내시오.

해답 [배당금수익 취소분개]

① 배당금 취소분개	(차) 배당금수익	60,000	(대) 이익잉여금(B)	100,000
	비지배지분	40,000		

[투자주식과 자본계정의 상계제거]

② 취득시점의 투자·자본 상계	(차) 자본금(B)	700,000	(대) 투자주식	800,000
	자본잉여금(B)	200,000	비지배지분	480,000[3)]
	이익잉여금(B)	100,000[1)]		
	재고자산	50,000		
	토지	50,000		
	건물	100,000		
	영업권	80,000[2)]		

[1)] 20×1년 초 이익잉여금
[2)] 영업권: ₩800,000 - (₩1,000,000 + ₩200,000) × 60% = ₩80,000
[3)] 비지배지분: (₩1,000,000 + ₩200,000) × 40% = ₩480,000

③ 취득시점 이후 자본변동	(차) 이익잉여금(B)	200,000[1)]	(대) 이익잉여금(A)	120,000
			비지배지분	80,000

[1)] 20×1년 이익잉여금의 증가분(당기순이익)

④ 전기 투자차액의 상각	(차) 이익잉여금(A)	42,000	(대) 재고자산	50,000
	비지배지분	28,000	감가상각누계액(건물)	20,000

⑤ 당기 투자차액의 상각	(차) 감가상각비	20,000[1)]	(대) 감가상각누계액(건물)	20,000

[1)] 종속기업의 장부금액과 공정가치가 다른 감가성 유형자산인 건물은 이 차액(₩20,000 = ₩100,000/5년)에 대한 추가적인 당기 감가상각 효과를 인식해야 함

⑥ 비지배지분순이익 계상	(차) 이익잉여금	72,000	(대) 비지배지분	72,000[1]

[1] B회사 보고된 당기순이익 ₩200,000
감가상각비 ₩(20,000)
B회사 연결조정후 당기순이익 ₩180,000
비지배지분율 × 40%
비지배지분순이익 ₩72,000

(5) 종속기업이 자산을 처분한 경우

경우에 따라서는 종속기업이 취득일에 과대·과소평가된 자산을 매각할 수도 있는데, 이러한 경우에는 그에 따른 연결조정분개를 추가로 수행하여야 한다. 예를 들어 과소평가된 재고자산이 차기에 판매된 경우에는 매출원가가 과소평가되었을 것이므로 연결조정분개 시 이를 조정하여야 한다. 만약 재고자산의 사례와 같이 토지나 감가성유형자산을 조기에 처분한 경우에도 유형자산처분이익이 과대평가되었을 것이므로 연결조정분개 시 이를 조정해 주어야 한다.

02 비지배지분의 인식과 측정

(1) 비지배지분의 정의

지배기업이 종속기업의 지분을 100% 취득하지 않은 경우에는 지배기업 소유주지분을 제외한 나머지 지분을 연결재무상태표에 표시해야 한다. 지배기업을 제외한 종속기업의 주주를 비지배주주(Non-controlling Shareholders)라고 말하며, 비지배지분(Non-controlling Interests)이란 종속기업에 대한 지분 중 지배기업에 직접이나 간접으로 귀속되지 않는 지분을 말한다.
K-IFRS 제1110호 '연결재무제표'에서는 지배기업은 비지배지분을 연결재무상태표에서 자본에 포함하되 지배기업의 소유주지분과는 구분하여 별도로 표시하도록 규정하고 있다. 즉, 비지배지분이 있는 경우에는 연결재무상태표의 자본항목은 지배기업 소유주지분과 비지배지분으로 구분하여 표시해야 한다.

(2) 비지배지분의 인식과 측정

지배기업이 종속기업의 지분을 100% 취득하지 않은 경우에는 지배기업 소유주지분을 제외한 나머지 지분을 연결재무상태표에 표시해야 한다. 지배기업을 제외한 종속기업의 주주를 비지배주주라고 말하며, 비지배지분이란 종속기업에 대한 지분 중 지배기업에 직접이나 간접으로 귀속되지 않는 지분을 말한다.
K-IFRS 제1110호 '연결재무제표'에서는 지배기업은 비지배지분을 연결재무상태표에서 자본에 포함하되 지배기업의 소유주지분과는 구분하여 별도로 표시하도록 규정하고 있다. 즉, 비지배지분이 있는 경우에는 연결재무상태표의 자본항목은 지배기업 소유주지분과 비지배지분으로 구분하여 표시해야 한다.
각각의 사업결합에서 취득자(지배기업)는 취득일에 피취득자(종속기업)에 대한 비지배지분의 요소가 현재의 지분이며 청산할 때 보유자에게 기업 순자산의 비례적 지분(몫)에 대하여 권리를 부여하고 있는 경우에 그 비지배지분의 요소를 다음 중 하나의 방법으로 측정한다.

① 종속기업의 식별가능한 순자산에 대한 비례적 지분(몫): 부분영업권
② 공정가치: 전부영업권

① 종속기업의 식별가능한 순자산에 대한 비례적 지분(몫): 부분영업권

비지배지분을 피취득자(종속기업)의 식별할 수 있는 순자산에 대해 인식한 금액 중 현재의 지분상품의 비례적 지분(몫)으로 측정하는 방법이다. 이 방법으로 영업권을 측정하게 되면 비지배지분에 대한 영업권은 인식하지 않고 지배기업지분에 대해서만 영업권을 인식하므로 이 방법에 의하여 측정된 영업권을 부분영업권이라고 한다. 부분영업권은 비지배주주는 연결실체의 채권자로 간주되기 때문에 비지배주주에 대한 영업권도 인식하지 않는 논리에 근거한 지배기업이론에 기초한 회계처리방법이다.

- 영업권 = 투자주식의 취득원가 - 종속기업의 순자산공정가치 × 지배기업지분율
- 비지배지분 = 종속기업의 순자산공정가치 × 비지배지분율

② 공정가치: 전부영업권

비지배지분을 비지배지분의 공정가치로 측정하는 방법이다. 즉, 비지배지분을 비지배주주의 소유주식수에 비지배지분의 주식의 주당 공정가치를 곱하여 비지배지분을 측정한다. 이 방법으로 영업권을 측정하게 되면 지배기업지분에 대한 영업권뿐만 아니라 비지배지분에 대한 영업권도 인식하게 되므로 이 방법으로 측정된 영업권을 전부영업권이라고 한다. 전부영업권은 비지배주주도 연결실체의 주주로 간주되기 때문에 지배기업 소유주뿐만 아니라 비지배주주에 대한 영업권도 인식하므로 실체이론에 기초한 회계처리 방법이다. 여기서 비지배지분에 대한 영업권은 취득일에 비지배지분의 공정가치에서 종속기업의 순자산공정가치에 대한 비지배주주의 지분을 차감한 금액으로 계산한다.

- 영업권 = a + b
  a. 지배기업지분에 대한 영업권
    = 투자주식의 취득원가 - 종속기업의 순자산공정가치 × 지배기업지분율
  b. 비지배지분에 대한 영업권 = 비지배지분(공정가치) - 종속기업의 순자산공정가치 × 비지배지분율
- 비지배지분 = 종속기업의 순자산공정가치 × 비지배지분율 + 비지배지분에 대한 영업권
    = 비지배지분의 공정가치

⚡ POINT 비지배지분의 인식과 측정(전부영업권과 부분영업권)

구분	순자산공정가치의 비례적인 지분(몫)으로 측정	공정가치로 측정
방법	부분영업권	전부영업권
영업권의 인식	• 지배기업지분에 대한 영업권을 인식함 • 비지배지분에 대한 영업권을 인식하지 않음	• 지배기업지분에 대한 영업권을 인식함 • 비지배지분에 대한 영업권을 인식함
영업권의 측정	영업권 = 투자주식의 취득원가 - 종속기업의 순자산공정가치 × 지배기업지분율	영업권 = a + b a. 지배기업지분에 대한 영업권 = 투자주식의 취득원가 - 종속기업의 순자산공정가치 × 지배기업지분율 b. 비지배지분에 대한 영업권 = 비지배지분(공정가치) - 종속기업의 순자산공정가치 × 비지배지분율
비지배지분의 측정	비지배지분 = 종속기업의 순자산공정가치 × 비지배지분율	비지배지분 = 종속기업의 순자산공정가치 × 비지배지분율 + 비지배지분에 대한 영업권
연결회계이론	지배기업이론	실체이론

03 부(-)의 비지배지분

정의	종속기업의 영업활동이 악화되어 결손이 누적되어 종속기업의 순자산공정가치가 부(-)의 금액이 되는 경우에 발생하는 비지배지분이 차변잔액
회계처리	① 보고기업은 비지배지분이 부(-)의 잔액이 되더라도 총포괄손익을 지배기업의 소유주와 비지배지분에 귀속시킴 ② 부(-)의 비지배지분은 연결재무상태표에서 자본에 포함하되 지배기업 소유주지분과는 구분하여 표시하며, 연결재무상태표의 자본에 차감하여 표시함

04 기타포괄손익이 존재하는 경우의 연결

국제회계기준이 도입되면서 손익계산서의 명칭이 포괄손익계산서로 변경되었다. 따라서 연결회계에서도 연결포괄손익계산서상의 총포괄손익은 당기순손익과 기타포괄손익의 합계액으로 공시해야 한다. 따라서 종속기업이 보고한 당기순손익뿐만 아니라 기타포괄손익도 지배기업 소유주지분과 비지배지분으로 배분하여 귀속시켜야 한다.

⚡ POINT 기타포괄손익이 존재하는 경우의 연결

① 보고기업은 당기순손익과 기타포괄손익의 각 구성요소를 지배기업의 소유주와 비지배지분에 귀속시킴
② 연결포괄손익계산서에 당기순손익과 총포괄손익을 지배기업 소유주와 비지배지분에 각각 귀속시킬 금액을 구분하여 총포괄손익 하단에 표시함

[그림 2-5] 당기순손익과 총포괄손익의 귀속

연결포괄손익계산서

A회사 (단위: 원)

구분	당기	전기
당기순이익	×××	×××
기타포괄손익	×××	×××
총포괄손익	×××	×××
당기순이익의 귀속		
지배기업소유주	×××	×××
비지배지분	×××	×××
	×××	×××
총포괄손익의 귀속		
지배기업소유주	×××	×××
비지배지분	×××	×××
	×××	×××

05 채권·채무 상계제거

보고기간 말 연결실체 간의 거래로 인하여 발생한 지배기업과 종속기업의 별도재무제표에 인식된 채권과 채무는 연결대상회사를 단일의 경제적 실체로 파악하므로 연결조정 시 이를 상계제거하여야 한다.

(1) 일반적인 채권·채무 상계제거

연결실체 간의 채권·채무가 존재하는 경우에는 연결조정분개 시 이를 상계제거해야 한다. 이때 유의할 점은 연결실체 간의 채권·채무와 관련된 이자수익과 이자비용도 상계제거해야 하며, 미수이자와 미지급이자를 계상한 경우라면 미수이자와 미지급이자도 상계제거해야 한다는 것이다.

사례

20×1년 1월 1일 A회사는 B회사의 주식 60%를 취득하여 지배력을 획득하였다. 20×1년 7월 1일 A회사가 B회사에게 연 이자율 12%(이자지급일: 6월 30일)로 ₩100,000을 1년간 대여한 경우에 A회사와 B회사의 별도재무제표상 회계처리와 20×1년 12월 31일 연결재무제표 작성 시 수행할 채권·채무 상계제거에 대한 연결조정분개는 다음과 같다.

[별도재무제표상 회계처리]

구분	지배기업(A회사)		종속기업(B회사)	
20×1. 7. 1.	(차) 대여금	100,000	(차) 현금	100,000
	(대) 현금	100,000	(대) 차입금	100,000
20×1. 12. 31.	(차) 미수이자	6,000	(차) 이자비용	6,000[1]
	(대) 이자수익	6,000[1]	(대) 미지급이자	6,000
	[1] ₩100,000 × 12% × 6/12 = ₩6,000		[1] ₩100,000 × 12% × 6/12 = ₩6,000	

[연결조정분개]

채권·채무 상계제거	(차) 차입금	100,000	(대) 대여금	100,000
	(차) 미지급이자	6,000	(대) 미수이자	6,000
	(차) 이자수익	6,000	(대) 이자비용	6,000

---

(2) 내부거래로 인한 매출채권을 외부로 양도한 경우

연결실체 간의 내부거래로 인하여 매출채권(금융자산)과 매입채무(금융부채)가 발생하였는데, 매출채권을 인식한 기업이 이를 연결실체의 외부에 양도한 경우가 발생할 수 있다. 이때 유의할 점은 이러한 양도가 금융자산의 제거요건을 충족했는지의 여부에 따라 별도재무제표상 회계처리와 연결조정분개가 달라질 수 있다는 것이다. 공통사례를 통하여 금융자산의 제거요건을 충족한 경우와 금융자산의 제거요건을 충족하지 못한 경우의 연결조정분개를 살펴보기로 한다.

사례

20×1년 1월 1일 A회사는 B회사의 주식 60%를 취득하여 지배력을 획득하였다. B회사가 A회사로부터 ₩100,000의 상품을 매입하여 어음을 발행하여 지급하였다. A회사가 B회사의 받을어음을 은행에서 ₩100,000에 할인하였다.

① 받을어음의 할인이 제거요건을 충족한 경우

연결대상기업에 대한 매출채권의 양도가 제거요건을 충족한 경우 연결재무제표에는 이를 차입금으로 계상해야 한다. 단순합산된 연결정산표상에서 매출채권은 제거되었지만 매입채무는 제거되지 않아 별도재무제표상 채권과 채무의 금액이 일치하지 않게 되는데, 연결실체 입장에서는 동 금액을 만기일에 은행에 상환해야 하는 부채이므로 매입채무를 차입금으로 대체하는 연결조정분개를 수행해야 한다.

[별도재무제표상 회계처리]

구분	지배기업(A회사)		종속기업(B회사)	
매입, 매출	(차) 매출채권	100,000	(차) 매입	100,000
	(대) 매출	100,000	(대) 매입채무	100,000
받을어음 할인	(차) 현금	100,000		
	(대) 매출채권	100,000		
재무제표 잔액	매출	100,000	매출원가	100,000
	매출채권	0	매입채무	100,000

[연결조정분개]

채권·채무 상계제거	(차) 매출	100,000	(대) 매출원가	100,000
	(차) 매입채무	100,000	(대) 차입금	100,000

② 받을어음의 할인이 제거요건을 충족하지 못한 경우

연결대상기업에 대한 매출채권의 양도가 제거요건을 충족하지 못한 경우에도 연결재무제표에는 이를 차입금으로 계상해야 한다. 단순합산된 연결정산표상에서 매출채권은 제거되지 않았고 차입금이 추가적으로 계상되어 있으며, 매입채무는 제거되지 않아 별도재무제표상 매출채권과 매입채무의 금액이 일치한다. 따라서 별도재무제표상 이미 차입금으로 계상하였기 때문에 매출채권과 매입채무를 상계제거하면 된다.

[별도재무제표상 회계처리]

구분	지배기업(A회사)		종속기업(B회사)	
매입, 매출	(차) 매출채권	100,000	(차) 매입	100,000
	(대) 매출	100,000	(대) 매입채무	100,000
받을어음 할인	(차) 현금	100,000		
	(대) 차입금	100,000		
재무제표 잔액	매출	100,000	매출원가	100,000
	매출채권	100,000	매입채무	100,000
	차입금	100,000		

[연결조정분개]

채권·채무 상계제거	(차) 매출	100,000	(대) 매출원가	100,000
	(차) 매입채무	100,000	(대) 매출채권	100,000

금융자산의 양도는 금융자산 보유자가 현금흐름을 수취할 권리를 이전하는 것을 말하며, 금융자산의 제거란 금융자산의 보유에 따른 위험과 보상이 이전되어 장부에서 제거하는 것을 말한다. 따라서 양도하였다는 사실만으로는 금융자산을 제거할 수 없으며 제거요건을 충족하는 경우에 금융자산을 제거한다.

금융자산의 제거요건 및 제거정도는 다음과 같다.

① 현금흐름에 대한 수취 권리가 소멸된 경우: 금융자산을 제거함

② 양도한 금융자산: 소유에 따른 위험과 보상의 이전 여부에 따라 제거 여부 및 제거정도가 결정됨

    a. 위험과 보상의 대부분을 이전한 경우: 금융자산을 제거

    b. 위험과 보상의 대부분을 보유한 경우: 계속 인식

    c. 위험과 보상을 대부분 이전하지도 아니하고 보유하지도 않은 경우(즉, 일부만 보유하고 있는 경우): 양도자산의 통제 여부에 따라 결정됨

      • 자산을 통제할 수 없는 경우: 금융자산을 제거

      • 자산을 통제할 수 있는 경우: 지속적 관여의 정도까지 자산을 계속 인식

(3) 내부거래로 인한 매출채권의 대손충당금

연결실체 간의 내부거래로 인하여 매출채권과 매입채무가 발생하였는데, 매출채권을 인식한 기업이 대손충당금과 대손상각비를 계상할 수 있다. 이때 유의할 점은 매출채권과 매입채무는 채권·채무 상계제거를 통하여 제거되므로, 관련된 대손충당금과 대손상각비도 함께 제거해야 한다는 것이다. 매출채권의 대손충당금을 제거하게 되면 연결당기순이익에 영향을 미치므로 하향거래라면 지배기업귀속당기순이익에 반영하며, 상향거래라면 지배기업귀속당기순이익과 비지배지분순이익으로 배분하여 귀속시켜야 한다.

— 사례 —

20×1년 1월 1일 A회사는 B회사의 주식 60%를 취득하여 지배력을 획득하였다. 20×1년 12월 31일 현재 A회사는 B회사에 대한 매출채권이 ₩100,000 있으며, A회사는 B회사에 대한 매출채권에 대하여 대손충당금 ₩20,000을 설정하고 있다.

[별도재무제표상 회계처리]

구분	지배기업(A회사)		종속기업(B회사)	
매입, 매출	(차) 매출채권	100,000	(차) 매입	100,000
	(대) 매출	100,000	(대) 매입채무	100,000
대손충당금	(차) 대손상각비	20,000		
	(대) 대손충당금	20,000		
재무제표 잔액	매출	100,000	매출원가	100,000
	매출채권	100,000	매입채무	100,000
	대손상각비	20,000		
	대손충당금	(20,000)		

[연결조정분개]

채권·채무 상계제거	(차) 매출	100,000	(대) 매출원가	100,000
	(차) 매입채무	100,000	(대) 매출채권	100,000
	(차) 대손충당금	20,000	(대) 대손상각비	20,000

Ⅷ | 내부거래와 미실현손익

01 내부거래의 의의

(1) 내부거래의 정의

내부거래의 정의	연결실체 내에 지배기업과 종속기업 간에 발생한 거래
K-IFRS 관련 규정	연결실체 내 기업 간의 거래와 관련된 연결실체 내의 자산, 부채, 자본, 수익, 비용, 현금 흐름은 모두 제거하도록 규정함

(2) 미실현손익과 내부거래의 유형

미실현손익	① 연결실체 내에서 발생한 내부거래로 인하여 별도재무제표에서 인식한 이익 또는 손실 중 연결실체의 외부에 판매되거나 비용화되어 실현되지 않은 손익 ② 미실현손익: 별도재무제표의 손익의 합계 ≠ 연결재무제표상의 손익
하향거래	① 지배기업이 종속기업에게 자산 등을 매각하는 거래 ② 하향거래의 미실현손익은 전액 제거하여 지배기업소유주 귀속 당기순이익에 귀속시킴
상향거래	① 종속기업이 지배기업에게 자산 등을 매각하는 거래 ② 상향거래의 미실현손익은 전액제거하지만 이를 지배기업소유주 귀속 당기순이익과 비지배지분순이익에 배분하여 반영함

[그림 2-6] 내부거래의 유형

하향거래	판매 지배기업　➡　종속기업
상향거래	판매 종속기업　➡　지배기업

(3) 내부거래의 종류

① 재고자산의 내부거래
② 비상각 유형자산의 내부거래: 토지
③ 감가성 유형자산의 내부거래: 건물, 기계장치, 비품 등
④ 사채의 내부거래

02 재고자산의 내부거래

(1) 재고자산의 내부거래제거

연결실체 내에 지배기업과 종속기업 간 재고자산의 내부거래가 발생한 경우 연결포괄손익계산서의 매출액과 매출원가는 내부거래가 발생하지 않았을 경우로 조정하여 연결재무제표에 표시하여야 한다. 따라서 연결포괄손익계산서의 매출액, 매출원가는 연결대상기업이 내부거래를 통해 계상한 매출액과 매출원가를 제거한 연결실체 외부의 제3자에게 판매된 금액과 외부로부터 구입한 금액만이 보고되어야 하며, 연결재무상태표에 표시될 재고자산도 외부로부터 구입한 연결실체 내의 최초 취득원가로 보고되어야 한다.

─ 사례1 ─

당기에 재고자산의 미실현손익이 모두 실현된 경우

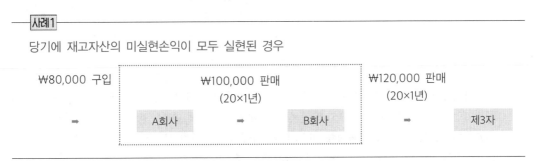

20×1년 1월 1일 A회사는 B회사의 주식 60%를 취득하여 지배력을 획득하였다. 20×1년에 A회사는 종속기업인 B회사에 원가 ₩80,000인 상품을 ₩100,000에 판매하였으며, B회사는 20×1년에 A회사로부터 매입한 모든 상품을 연결실체 외부의 제3자에게 ₩120,000에 판매하였다. [사례 1]과 관련된 연결정산표와 연결조정분개는 다음과 같다.

[연결정산표]

구분	A회사	B회사	연결조정분개 차변	연결조정분개 대변	연결재무제표
<포괄손익계산서>					
매출액	100,000	120,000	100,000		120,000
매출원가	80,000	100,000		100,000	80,000
매출총이익	20,000	20,000			40,000
<재무상태표>					
재고자산	0	0			0

[연결조정분개]

재고자산 내부거래	(차) 매출	100,000	(대) 매출원가	100,000

A회사와 B회사가 계상한 매출액과 매출원가는 단순합산된 연결정산표상 과대계상되어 있으므로 A회사가 계상한 매출액과 B회사가 계상한 매출원가는 제거되어야 한다. 여기서 매출액과 매출원가가 과대계상된 금액은 동일하므로 연결당기순이익에 미치는 영향이 없지만 매출액과 매출원가로 인하여 재무비율에 영향을 미칠 수 있다. A회사가 B회사에 판매한 내부거래와 B회사가 연결실체 외부의 제3자에게 판매한 거래가 모두 20×1년에 발생하였으므로 20×1년 말 현재 미실현손익은 없다. 즉, A회사가 B회

사에 판매한 상품이 전부 제3자에게 판매되었으므로 내부거래로 인하여 연결당기순이익이 과대·과소계상된 부분은 없다. 따라서 연결실체 내의 기업 간 거래된 재고자산이 당기에 모두 외부의 제3자에게 판매된다면 연결조정분개 시 구매회사의 매출원가와 판매회사의 매출액을 서로 상계하는 연결조정분개만 수행하면 된다.

사례2

당기에 재고자산의 미실현손익이 존재하는 경우

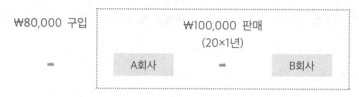

20×1년 1월 1일 A회사는 B회사의 주식 60%를 취득하여 지배력을 획득하였다. 20×1년에 A회사는 종속기업인 B회사에 원가 ₩80,000인 상품을 ₩100,000에 판매하였으며, 20×1년에 B회사는 A회사로부터 매입한 상품을 연결실체 외부의 제3자에게 판매하지 못하고 기말재고자산으로 보고하였다. [사례 2]와 관련된 연결정산표와 연결조정분개는 다음과 같다.

[연결정산표]

구분	A회사	B회사	연결조정분개 차변	연결조정분개 대변	연결재무제표
<포괄손익계산서>					
매출액	100,000	0	100,000		0
매출원가	80,000	0		80,000	0
매출총이익	20,000	0			0
<재무상태표>					
재고자산	0	100,000		20,000	80,000

[연결조정분개]

재고자산 내부거래	(차) 매출	100,000	(대) 매출원가	100,000
	매출원가	20,000	재고자산	20,000

A회사가 계상한 매출액과 B회사가 계상한 매출원가는 제거되어야 한다. 왜냐하면, 이러한 내부거래를 제거하지 않으면 연결재무제표상의 매출액과 매출원가는 과대계상되기 때문이다. 또한, 내부거래로 인하여 A회사의 이익이 ₩20,000만큼 과대계상되었으며 이를 미실현이익이라 말한다. B회사의 기말재고자산은 취득원가에 비하여 미실현이익 ₩20,000만큼 과대평가되어 있다. 이 경우 내부거래로 인한 매출액과 매출원가의 제거뿐만 아니라 내부거래로 인하여 미실현이익만큼 과대평가되어 있는 재고자산을 수정하는 연결조정분개를 수행해야 하는데, 위의 연결조정분개에서 ₩20,000만큼 매출원가를 조정하고 재고자산 ₩20,000만큼 조정하여 미실현이익이 제거됨을 알 수 있다.

여기서 재고자산의 미실현손익은 미판매재고의 매출총이익과 일치함을 알 수 있으며, 다음과 같이 계산할 수 있다.

$$재고자산의\ 미실현손익 = 미판매재고의\ 매출총이익$$
$$= 미판매재고의\ 매출액 - 미판매재고의\ 매출원가$$
$$= 미판매재고 \times 매출총이익률$$
$$= 미판매재고 \times \frac{1}{(1 + 원가이익가산율)}$$

──**사례3**──

차기에 재고자산의 미실현손익이 실현되는 경우

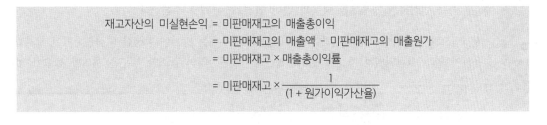

20×1년 1월 1일 A회사는 B회사의 주식 60%를 취득하여 지배력을 획득하였다. 20×1년에 A회사는 종속기업인 B회사에 원가 ₩80,000인 상품을 ₩100,000에 판매하였으며, 20×2년에 B회사는 A회사로부터 매입한 모든 상품을 연결실체 외부의 제3자에게 ₩120,000에 판매하였다. [사례 3]과 관련된 20×2년의 연결정산표와 연결조정분개는 다음과 같다.

[연결정산표]

구분	A회사	B회사	연결조정분개		연결 재무제표
			차변	대변	
<포괄손익계산서>					
매출액	0	120,000			120,000
매출원가	0	100,000		20,000	80,000
매출총이익	0	20,000			40,000
<재무상태표>					
재고자산	0	0			0

[연결조정분개]

재고자산 내부거래	(차) 이익잉여금	20,000	(대) 매출원가	20,000

연결실체 입장에서 보면 B회사의 기초재고가 미실현이익 ₩20,000만큼 과대계상되어 있고 이에 따라 당기 매출원가가 과대계상되어 있다. 따라서 전기에 인식한 미실현이익 ₩20,000만큼 당기 매출원가를 감소시켜야 하며, B회사가 인식한 미실현이익만큼 이익잉여금의 과대계상분도 수정하는 연결조정분개가 필요하다. 위에 수행한 연결조정분개는 B회사의 전기기말재고에 포함된 미실현이익 ₩20,000이 당기에 외부에 판매되어 실현이익으로 인식됨을 보여주고 있다.

(2) 재고자산의 저가법과 내부거래제거

연결실체 내에서 상품을 구입한 회사가 보고기간 말에 재고자산을 저가법을 적용하여 재고자산평가손실 (매출원가)을 인식하는 경우에는 다음과 같이 연결조정분개를 수행한다.

① 저가법으로 평가하여 미실현손익이 일부 감소한 경우에는 당기에 발생한 미실현손익이 저가법을 적용하여 일부 실현되었기 때문에 연결조정 시 미실현손익의 감소한 부분은 제거할 필요가 없다.

> ┤**사례1**├
>
> 당기에 발생한 미실현손익이 저가법을 적용하여 일부 실현된 경우
> 20×1년 1월 1일 A회사는 B회사의 주식 60%를 취득하여 지배력을 획득하였다. 20×1년에 A 회사는 원가 ₩80,000인 상품을 B회사에 ₩100,000에 판매하였으며, 20×1년 말 현재 모든 상품이 B회사의 기말재고에 남아 있다. B회사는 재고자산에 저가법을 적용하여 순실현가능가치 ₩90,000으로 기말재고자산을 평가하였다.

위 사례의 연결조정분개는 다음과 같다.

[연결조정분개]

	(차) 매출	100,000	(대) 매출원가	100,000
재고자산 내부거래	매출원가	20,000	재고자산	20,000
	재고자산	10,000	매출원가	10,000

위의 연결조정분개에서 내부거래의 미실현이익은 ₩20,000이었으나 B회사의 재고자산 저가법 평가로 인하여 ₩10,000의 미실현이익이 감소되어 실현손익화되었다. 따라서 미실현손익의 잔액 ₩10,000만 연결조정분개 시 제거해야 하며, 연결재무제표에 보고될 기말재고자산은 취득원가 ₩80,000으로 표시된다.

위의 연결조정분개는 아래와 같은 간편법으로 수행하여도 된다.

[연결조정분개(간편법)]

	(차) 매출	100,000	(대) 매출원가	100,000
재고자산 내부거래	매출원가	10,000	재고자산	10,000

② 저가법으로 평가하여 미실현손익이 전액 감소한 경우에는 당기에 발생한 미실현손익이 저가법을 적용하여 전액 실현되었기 때문에 연결재무제표 작성 시 제거할 미실현손익은 없다.

> ┤**사례2**├
>
> 당기에 발생한 미실현손익이 저가법을 적용하여 전액 실현된 경우
> 20×1년 1월 1일 A회사는 B회사의 주식 60%를 취득하여 지배력을 획득하였다. 20×1년에 A 회사는 원가 ₩80,000인 상품을 B회사에 ₩100,000에 판매하였으며, 20×1년 말 현재 모든 상품이 B회사의 기말재고에 남아 있다. B회사는 재고자산에 저가법을 적용하여 순실현가능가치 ₩70,000으로 기말재고자산을 평가하였다.

위 사례의 연결조정분개는 다음과 같다.

[연결조정분개]

재고자산 내부거래	(차) 매출	100,000	(대) 매출원가	100,000
	매출원가	20,000	재고자산	20,000
	재고자산	20,000	매출원가	20,000

즉, 내부미실현이익은 ₩20,000이었으나 B회사의 재고자산 저가법 평가로 인하여 ₩30,000만큼 재고자산평가손실을 인식함에 따라 미실현이익이 전액 실현되었다. 따라서 연결재무제표작성 시 제거할 미실현손익은 없으며, 연결재무제표에 표시되는 기말재고자산은 B회사가 별도재무제표상 보고한 ₩70,000의 순실현가능가치로 표시된다.

위의 연결조정분개는 아래와 같은 간편법으로 수행하여도 된다.

[연결조정분개(간편법)]

재고자산 내부거래	(차) 매출	100,000	(대) 매출원가	100,000

03 유형자산의 내부거래(1): 비상각자산

(1) 토지의 내부거래제거

연결실체 내에 지배기업과 종속기업 간 토지의 내부거래가 발생한 경우 미실현손익의 조정과정은 재고자산의 미실현손익을 제거하는 경우와 유사하다. 그러나 재고자산의 경우 미실현손익은 일반적으로 차기에 실현되어 두 보고기간 동안 조정되지만, 토지의 미실현손익은 토지가 연결실체 외부로 판매될 때까지 연결재무제표에 영향을 미치게 된다.

─ 사례1 ─

당기에 토지의 미실현손익이 존재하는 경우

20×1년 1월 1일 A회사는 B회사의 주식 60%를 취득하여 지배력을 획득하였다. A회사는 20×1년에 장부금액 ₩80,000인 토지를 B회사에 ₩100,000에 처분하였으며, B회사는 20×1년 말에 동 토지를 보유 중이다. 이와 관련된 별도재무제표상 회계처리와 연결정산표 및 연결조정분개는 다음과 같다.

[별도재무제표상 회계처리]

구분	A회사		B회사	
20×1년	(차) 현금	100,000	(차) 토지	100,000
	(대) 토지	80,000	(대) 현금	100,000
	유형자산처분이익	20,000		

[연결정산표]

구분	A회사	B회사	연결조정분개 차변	연결조정분개 대변	연결 재무제표
<포괄손익계산서>					
유형자산처분이익	20,000	0	20,000		0
<재무상태표>					
토지	0	100,000		20,000	80,000

[연결조정분개]

토지 내부거래	(차) 유형자산처분이익	20,000	(대) 토지	20,000

비상각 유형자산인 토지로 인해 발생한 미실현손익은 연결조정분개 시 전액제거되어야 하며, 이로 인하여 과대표시된 토지의 장부금액도 조정하는 연결조정분개를 수행하여야 한다. 여기서 토지의 미실현손익은 유형자산처분이익과 일치함을 알 수 있으며, 다음과 같이 계산할 수 있다.

토지의 미실현손익 = 처분금액 - 장부금액

사례2

차기에 토지의 미실현손익이 존재하는 경우

20×1년 1월 1일 A회사는 B회사의 주식 60%를 취득하여 지배력을 획득하였다. A회사는 20×1년에 장부금액 ₩80,000인 토지를 B회사에 ₩100,000에 처분하였으며, B회사는 20×2년 말에 동 토지를 보유 중이다. 이와 관련된 20×1년 별도재무제표상 회계처리와 20×2년 말 연결정산표 및 연결조정분개는 다음과 같다.

[별도재무제표상 회계처리]

구분	A회사		B회사	
20×1년	(차) 현금 (대) 토지 유형자산처분이익	100,000 80,000 20,000	(차) 토지 (대) 현금	100,000 100,000

[연결정산표]

구분	A회사	B회사	연결조정분개		연결 재무제표
			차변	대변	
<포괄손익계산서>					
유형자산처분이익	0	0			0
<재무상태표>					
토지	0	100,000		20,000	80,000

[연결조정분개]

토지 내부거래	(차) 이익잉여금	20,000	(대) 토지	20,000

비상각 유형자산인 토지로 인해 발생한 미실현손익은 20×1년 말 연결정산표상에서만 제거되었고 별도
재무제표에는 반영되지 않았기 때문에 20×2년 말 A회사와 B회사의 재무제표를 단순합산하는 경우
토지와 이익잉여금이 ₩20,000만큼 과대계상된 상태이다. 따라서 과대표시된 토지와 이익잉여금을
₩20,000만큼 제거하는 연결조정분개가 필요하다.

┌─ 사례3 ─

차기에 토지의 미실현손익이 실현되는 경우

20×1년 1월 1일 A회사는 B회사의 주식 60%를 취득하여 지배력을 획득하였다. A회사는 20×1년에
장부금액 ₩80,000인 토지를 B회사에 ₩100,000에 처분하였으며, B회사는 20×2년 말에 동 토지
를 연결실체 외부의 제3자에게 ₩120,000에 판매하였다. 이와 관련된 20×2년 말의 별도재무제표상
회계처리와 연결정산표 및 연결조정분개는 다음과 같다.

[별도재무제표상 회계처리]

구분	A회사	B회사
20×2년		(차) 현금 120,000 　(대) 토지 100,000 　　유형자산처분이익 20,000

[연결정산표]

구분	A회사	B회사	연결조정분개		연결 재무제표
			차변	대변	
<포괄손익계산서>					
유형자산처분이익	0	20,000		20,000	40,000
<재무상태표>					
토지	0	0			0

[연결조정분개]

| 토지 내부거래 | (차) 이익잉여금 | 20,000 | (대) 유형자산처분이익 | 20,000 |

20×1년에 토지의 내부거래로 발생한 미실현손익은 토지가 연결실체의 외부로 판매되는 경우에 실현되므로 20×2년에 과소표시된 유형자산처분이익을 ₩20,000만큼 추가로 계상하고 전기에 과대계상된 이익잉여금 ₩20,000을 제거해야 한다. 즉, 20×1년의 내부거래에 따른 미실현이익 ₩20,000이 토지가 매각됨으로써 실현이익을 인식하는 회계처리이다.

(2) 토지의 조기처분

연결실체 내에서 토지를 매입한 회사가 토지를 조기에 처분하는 경우가 있는데, 이러한 경우에는 재고자산의 내부거래와 동일하게 미실현손익이 일시에 실현손익으로 인식한다.

04 유형자산의 내부거래(2): 감가성 유형자산

(1) 감가성 유형자산의 내부거래제거

연결실체 내에 지배기업과 종속기업 간 건물, 기계장치 등의 감가성 유형자산의 내부거래가 발생한 경우 미실현손익의 조정과정은 재고자산과 토지의 미실현손익을 제거하는 경우와 거의 유사하다. 그러나 재고자산의 경우 미실현손익은 일반적으로 차기에 실현되어 두 보고기간에 걸쳐 조정되고, 토지의 미실현손익은 토지가 연결실체 외부로 판매될 때 조정되지만, 감가성 유형자산의 경우에는 내용연수에 걸쳐 사용하면서 감가상각이 종료되는 시점 또는 연결실체 외부로 판매되는 시점까지 연결재무제표에 영향을 미치게 된다.

─ 사례1 ─

당기에 건물의 미실현손익이 존재하는 경우

20×1년 1월 1일 A회사는 B회사의 주식 60%를 취득하여 지배력을 획득하였다. A회사는 20×1년 초에 장부금액 ₩80,000인 건물을 B회사에 ₩100,000에 처분하였으며, B회사는 20×1년 말에 동 건물을 보유 중이다. A회사와 B회사는 모두 잔존내용연수 10년, 잔존가치는 없으며 정액법으로 감가상각한다. 이와 관련된 별도재무제표상 회계처리와 연결조정분개는 다음과 같다.

[별도재무제표상 회계처리]

구분	A회사		B회사	
20×1년 초	(차) 현금	100,000	(차) 건물	100,000
	(대) 건물	80,000	(대) 현금	100,000
	유형자산처분이익	20,000		
20×1년 말			(차) 감가상각비	10,000
			(대) 감가상각누계액	10,000

구분	연결재무제표		별도재무제표	
20×1년 초	건물	₩80,000	건물	₩100,000
	감가상각누계액	₩0	감가상각누계액	₩0
	계	₩80,000	계	₩100,000
감가상각비	₩80,000 ÷ 10년 =	₩8,000	₩100,000 ÷ 10년 =	₩10,000
20×1년 말	건물	₩80,000	건물	₩100,000
	감가상각누계액	₩(8,000)	감가상각누계액	₩(10,000)
	계	₩72,000	계	₩90,000

[연결조정분개]

건물 내부거래	(차) 유형자산처분이익	20,000	(대) 건물	20,000
	(차) 감가상각누계액	2,000	(대) 감가상각비	2,000

연결실체 간 건물, 기계장치 등의 감가성 유형자산의 거래로 인하여 발생한 미실현손익은 제거함과 동시에 내부거래로 인하여 과대·과소 보고된 장부금액의 변동에 따라 발생하는 감가상각에 대한 영향도 고려되어야 한다. [사례 1]에서 A회사가 건물을 보유하고 있을 경우 매년 감가상각비를 ₩8,000(= ₩80,000÷10년)으로 인식하나, B회사에 ₩100,000에 매각하였으므로 B회사는 매년 ₩10,000(= ₩100,000÷10년)의 감가상각비를 인식하게 된다. 이는 내부거래가 없었을 경우 감가상각비 ₩8,000 보다 ₩2,000이 많은 금액이며, 해당 자산이 수익창출활동을 통하여 미실현손익이 ₩2,000만큼 실현되었음을 의미한다. 즉, 비상각 유형자산의 내부거래로 인한 미실현손익은 연결실체 외부로 판매되어야 실현되지만 감가성 유형자산의 내부거래로 인한 미실현손익은 연결실체 외부로 판매되는 경우뿐만 아니라 감가상각을 통해서도 실현이 된다. 이러한 미실현손익이 실현손익이 되는 과정은 건물의 잔존내용연수 10년 동안 매년 ₩2,000의 감가상각비를 감소시키는 연결조정분개를 수행하면서 이루어진다.

① 건물의 총 미실현손익 = 처분금액 - 장부금액
② 건물의 당기 실현손익 = 총 미실현손익 × 1년/잔존내용연수

──── 사례2 ────

차기에 건물의 미실현손익이 존재하는 경우

20×1년 1월 1일 A회사는 B회사의 주식 60%를 취득하여 지배력을 획득하였다. A회사는 20×1년 초에 장부금액 ₩80,000인 건물을 B회사에 ₩100,000에 처분하였으며, B회사는 20×2년 말에 동 건물을 보유 중이다. A회사와 B회사는 모두 잔존내용연수 10년, 잔존가치는 없으며 정액법으로 감가상각한다. 이와 관련된 20×2년 말의 별도재무제표상 회계처리와 연결조정분개는 다음과 같다.

[별도재무제표상 회계처리]

구분	A회사		B회사	
20×1년 초	(차) 현금	100,000	(차) 건물	100,000
	(대) 건물	80,000	(대) 현금	100,000
	유형자산처분이익	20,000		
20×1년 말			(차) 감가상각비	10,000
			(대) 감가상각누계액	10,000
20×2년 말			(차) 감가상각비	10,000
			(대) 감가상각누계액	10,000

구분	연결재무제표		별도재무제표	
20×1년 초	건물	₩80,000	건물	₩100,000
	감가상각누계액	₩0	감가상각누계액	₩0
	계	₩80,000	계	₩100,000
감가상각비	₩80,000 ÷ 10년 =	₩8,000	₩100,000 ÷ 10년 =	₩10,000
20×1년 말	건물	₩80,000	건물	₩100,000
	감가상각누계액	₩(8,000)	감가상각누계액	₩(10,000)
	계	₩72,000	계	₩90,000
감가상각비	₩80,000 ÷ 10년 =	₩8,000	₩100,000 ÷ 10년 =	₩10,000
20×2년 말	건물	₩80,000	건물	₩100,000
	감가상각누계액	₩(16,000)	감가상각누계액	₩(20,000)
	계	₩64,000	계	₩80,000

[연결조정분개]

건물 내부거래	(차) 이익잉여금	18,000	(대) 건물	20,000
	감가상각누계액	2,000		
	(차) 감가상각누계액	2,000	(대) 감가상각비	2,000

감가성 유형자산인 건물로 인해 발생한 미실현손익은 20×1년 말 연결정산표상에서만 제거되었고 별도 재무제표에는 반영되지 않았기 때문에 20×2년 말 A회사와 B회사의 재무제표를 단순합산하는 경우 건물(순액)과 이익잉여금이 ₩18,000만큼 과대계상된 상태이다. 따라서 건물(순액)과 이익잉여금의 과대계상분 ₩18,000을 제거하는 연결조정분개가 필요하다. 또한, 건물의 잔존내용연수 10년 동안 매년 ₩2,000의 감가상각비를 감소시키는 연결조정분개를 수행하여야 한다.

차기에 건물의 미실현손익이 실현되는 경우

20×1년 1월 1일 A회사는 B회사의 주식 60%를 취득하여 지배력을 획득하였다. A회사는 20×1년 초에 장부금액 ₩80,000인 건물을 B회사에 ₩100,000에 처분하였으며, B회사는 20×2년 말에 동 건물을 외부의 제3자에게 ₩120,000에 처분하였다. A회사와 B회사는 모두 잔존내용연수 10년, 잔존가치는 없으며 정액법으로 감가상각한다. 이와 관련된 20×2년 말의 별도재무제표상 회계처리와 연결조정분개는 다음과 같다.

[별도재무제표상 회계처리]

구분	A회사	B회사
20×1년 초	(차) 현금　　　　　100,000 　　(대) 건물　　　　　　80,000 　　　　유형자산처분이익　20,000	(차) 건물　　　　　100,000 　　(대) 현금　　　　　100,000
20×1년 말		(차) 감가상각비　　　　10,000 　　(대) 감가상각누계액　　10,000
20×2년 말		(차) 감가삼각비　　　　10,000 　　(대) 감가상각누계액　　10,000 (차) 현금　　　　　120,000 　　감가상각누계액　20,000 　　(대) 건물　　　　　100,000 　　　　유형자산처분이익　40,000

구분	연결재무제표	별도재무제표
20×1년 초	건물　　　　　　　　₩80,000 감가상각누계액　　　　　₩0 　　계　　　　　　　₩80,000	건물　　　　　　　₩100,000 감가상각누계액　　　　　₩0 　　계　　　　　　₩100,000
감가상각비	₩80,000 ÷ 10년 =　　₩8,000	₩100,000 ÷ 10년 =　₩10,000
20×1년 말	건물　　　　　　　　₩80,000 감가상각누계액　　　₩(8,000) 　　계　　　　　　　₩72,000	건물　　　　　　　₩100,000 감가상각누계액　　₩(10,000) 　　계　　　　　　　₩90,000
감가상각비	₩80,000 ÷ 10년 =　　₩8,000	₩100,000 ÷ 10년 =　₩10,000
20×2년 말	건물　　　　　　　　₩80,000 감가상각누계액　　₩(16,000) 　　계　　　　　　　₩64,000	건물　　　　　　　₩100,000 감가상각누계액　　₩(20,000) 　　계　　　　　　　₩80,000
20×2년 말 처분 시	(차) 현금　　　　　120,000 　　감가상각누계액　16,000 　　(대) 건물　　　　　　80,000 　　　　유형자산처분이익　56,000	(차) 현금　　　　　120,000 　　감가상각누계액　20,000 　　(대) 건물　　　　　100,000 　　　　유형자산처분이익　40,000

[연결조정분개: 총액]

	(차) 이익잉여금	18,000	(대) 건물	20,000
	감가상각누계액	2,000		
건물 내부거래	(차) 감가상각누계액	2,000	(대) 감가상각비	2,000
	(차) 건물	20,000	(대) 감가상각누계액	4,000
			유형자산처분이익	16,000

[연결조정분개: 순액]

	(차) 이익잉여금	18,000	(대) 감가상각비	2,000
건물 내부거래			유형자산처분이익	16,000

감가성 유형자산인 건물로 인해 발생한 미실현손익은 20×1년 말 현재 ₩18,000이며, 20×2년 중 ₩2,000은 감가상각비를 통하여 실현되며, 나머지 ₩16,000은 처분을 통하여 미실현손익이 일시에 실현된다.

[그림 2-7] 유형자산 내부거래 미실현손익 [사례 1, 2, 3]

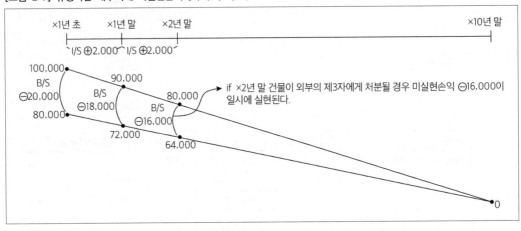

(2) 감가성 유형자산의 조기처분

연결실체 내에서 감가성 유형자산인 건물을 매입한 회사가 건물을 조기에 처분하는 경우가 있는데, 이러한 경우에는 내부거래에 발생한 시점의 총 미실현손익에서 감가상각을 통하여 실현된 손익을 제외한 미실현손익의 잔액을 일시에 실현손익으로 인식하여야 한다.

(3) 감가성 유형자산의 손상차손과 내부거래제거

K-IFRS 제1110호 '연결재무제표'에서는 연결실체 내 기업 간의 거래와 관련된 연결실체 내의 자산, 부채, 자본, 수익, 비용, 현금흐름은 모두 제거하며, 재고자산이나 유형자산과 같이 자산으로 인식된 연결실체의 내부거래에서 발생한 손익은 모두 제거한다. 또한 연결실체 내의 거래에서 발생한 손실은 연결재무제표에 인식해야 하는 자산손상의 징후일 수 있다고 규정하고 있다.

연결실체 내에서 감가성 유형자산을 구입한 회사가 보고기간 말에 동 유형자산에 대하여 손상차손을 인식하는 경우가 있다. 이러한 경우 미실현손익은 다음과 같이 제거해야 한다.

① 유형자산의 손상차손을 인식하여 미실현이익이 감소한 금액만큼은 연결조정 시 제거할 필요가 없다.

──**사례1**──

20×1년 1월 1일 A회사는 B회사의 주식 60%를 취득하여 지배력을 획득하였다. A회사는 20×1년 초에 장부금액 ₩100,000인 건물을 B회사에 ₩150,000에 처분하였으며, B회사는 20×1년 말에 동 건물에 대하여 손상검사를 실시하여 건물을 ₩110,000으로 측정한 경우 연결조정분개는 다음과 같다. 단, A회사와 B회사는 모두 잔존내용연수 10년, 잔존가치는 없으며 정액법으로 감가상각한다.

구분	회계처리				
당기 미실현손익 제거	(차) 유형자산처분이익	50,000	(대) 건물		50,000
	감가상각누계액	5,000	감가상각비		5,000
	손상차손누계액	25,000	유형자산손상차손		25,000

구분	연결재무제표		별도재무제표	
20×1년 초	건물(장부금액)	₩100,000	건물(장부금액)	₩150,000
20×1년	감가상각비	₩(10,000)	감가상각비	₩(15,000)
			유형자산손상차손	₩(25,000)
20×1년 말	건물(장부금액)	₩90,000	건물(장부금액)	₩110,000

미실현이익은 ₩50,000이었으나 B회사의 감가상각과 유형자산손상차손의 인식에 의하여 각각 ₩5,000과 ₩25,000의 미실현이익이 실현되었으므로 남은 미실현이익 잔액 ₩20,000만 연결재무제표 작성 시 제거되어야 한다.

② 유형자산의 손상차손을 인식하여 미실현이익이 전액 감소한 경우에는 연결조정 시 제거할 미실현손익은 없다.

──**사례2**──

20×1년 1월 1일 A회사는 B회사의 주식 60%를 취득하여 지배력을 획득하였다. A회사는 20×1년 초에 장부금액 ₩100,000인 건물을 B회사에 ₩150,000에 처분하였으며, A회사는 20×1년 말에 동 건물에 대하여 손상검사를 실시하여 건물을 ₩80,000으로 측정한 경우 연결조정분개는 다음과 같다. 단, A회사와 B회사는 모두 잔존내용연수 10년, 잔존가치는 없으며 정액법으로 감가상각한다.

구분	회계처리				
당기 미실현손익 제거	(차) 유형자산처분이익	50,000	(대) 건물		50,000
	감가상각누계액	5,000	감가상각비		5,000
	손상차손누계액	45,000	유형자산손상차손		45,000

구분	연결재무제표		별도재무제표	
20×1년 초	건물(장부금액)	₩100,000	건물(장부금액)	₩150,000
20×1년	감가상각비	₩(10,000)	감가상각비	₩(15,000)
	유형자산손상차손	₩(10,000)	유형자산손상차손	₩(55,000)
20×1년 말	건물(장부금액)	₩80,000	건물(장부금액)	₩80,000

미실현이익은 ₩50,000이었으나 B회사의 감가상각과 유형자산손상차손의 인식에 의하여 각각 ₩5,000과 ₩45,000의 미실현이익이 감소되어 미실현이익이 전액 실현되었으므로 연결재무제표 작성 시 미실현이익을 제거해서는 안 된다. 따라서 연결재무제표에 보고될 건물은 B회사가 별도재무제표에 계상한 ₩80,000으로 표시된다.

05 사채의 내부거래

(1) 사채의 내부거래제거

한 연결대상기업이 발행한 사채를 다른 연결대상기업이 매입했을 경우 별도재무제표에서는 상각후원가측정금융자산(또는 당기손익공정가치측정금융자산, 기타포괄손익공정가치측정금융자산)으로 기록되지만 연결실체의 관점에서는 자기가 발행한 사채를 자기가 매입한 것이 되므로 자기사채가 된다. K-IFRS에서는 자기사채의 취득은 사채상환으로 처리하도록 규정하고 있다. 따라서 연결조정분개상 사채와 상각후원가측정금융자산을 상계제거하여야 하는데, 취득시점의 사채장부금액과 상각후원가측정금융자산의 취득금액에 차이가 발생하지 않을 경우에는 사채와 상각후원가측정금융자산, 이자수익과 이자비용을 상계제거만 하면 된다. 그러나 취득시점의 사채장부금액과 상각후원가측정금융자산의 취득가액에 차이가 발생할 경우 연결재무제표상 사채상환손익으로 인식해야 한다.

여기서 유의할 점은 사채상환손익은 사채발행회사가 부담해야 한다는 것이다. 사채발행에 의하여 사채상환손익이 발생하기 때문에 연결실체관점에서 발행회사에 귀속시켜야 법적인 형식보다는 경제적 실질에 부합하는 회계처리가 된다.

사례1

상각후원가측정금융자산과 사채의 장부금액이 일치하는 경우

20×1년 1월 1일 A회사는 B회사의 주식 60%를 취득하여 지배력을 획득하였다. A회사는 20×1년 초에 액면가액 ₩100,000, 이자율 연 10% 매년 말 지급, 미상각사채할인발행차금 ₩5,000, 만기 20×5년 12월 31일인 사채가 있는데, B회사가 20×1년 초에 A회사의 사채 100%를 ₩95,000에 구입하여 상각후원가측정금융자산으로 회계처리하였다. 단, 사채할인발행차금과 상각후원가측정금융자산의 할인액은 정액법으로 상각한다고 가정한다. 이와 관련된 별도재무제표상 회계처리와 연결조정분개는 다음과 같다.

[별도재무제표상 회계처리]

A회사		B회사	
① 20×1년 초 장부금액		① 20×1년 초 취득 시	
사채	100,000	(차) 상각후원가측정금융자산 95,000	
사채할인발행차금	(5,000)	(대) 현금	95,000
계	95,000		
② 기말 이자지급 시		② 기말 이자수취 시	
(차) 이자비용	11,000	(차) 현금	10,000
(대) 현금	10,000	상각후원가측정금융자산 1,000	
사채할인발행차금	1,000	(대) 이자수익	11,000
[20×1년 말]		[20×1년 말]	
사채	100,000	상각후원가측정금융자산	96,000
사채할인발행차금	(4,000)		
계	96,000		

[연결조정분개]

사채 내부거래	(차)	사채	100,000	(대)	상각후원가측정금융자산	95,000
					사채할인발행차금	5,000
	(차)	이자수익	11,000	(대)	이자비용	11,000
		사채할인발행차금	1,000		상각후원가측정금융자산	1,000

B회사가 A회사의 사채 100%를 ₩95,000에 취득한 경우에는 상각후원가측정금융자산의 구입가격과 사채의 장부금액이 동일하게 되어 사채상환손익은 발생되지 않는다. 따라서 사채와 상각후원가측정금융자산 및 이자수익과 이자비용을 상계제거만 하면 되므로 회계처리가 복잡하지 않다.

──| 사례2 |──

상각후원가측정금융자산과 사채의 장부금액이 일치하지 않는 경우

20×1년 1월 1일 A회사는 B회사의 주식 60%를 취득하여 지배력을 획득하였다. A회사는 20×1년 초에 액면가액 ₩100,000, 이자율 연 10% 매년 말 지급, 미상각사채할인발행차금 ₩5,000, 만기 20×5년 12월 31일인 사채가 있는데, B회사가 20×1년 초에 A회사의 사채 100%를 ₩90,000에 구입하여 상각후원가측정금융자산으로 회계처리하였다. 단, 사채할인발행차금과 상각후원가측정금융자산의 할인액은 정액법으로 상각한다고 가정한다. 이와 관련된 별도재무제표상 회계처리와 연결조정분개는 다음과 같다.

[별도재무제표상 회계처리]

A회사		B회사	
① 20×1년 초 장부금액		① 20×1년 초 취득 시	
사채	100,000	(차) 상각후원가측정금융자산	90,000
사채할인발행차금	(5,000)	(대) 현금	90,000
계	95,000		
② 기말 이자지급 시		② 기말 이자수취 시	
(차) 이자비용	11,000	(차) 현금	10,000
(대) 현금	10,000	상각후원가측정금융자산	2,000
사채할인발행차금	1,000	(대) 이자수익	12,000
[20×1년 말]		[20×1년 말]	
사채	100,000	상각후원가측정금융자산	92,000
사채할인발행차금	(4,000)		
계	96,000		

[연결조정분개]

사채 내부거래	(차) 사채	100,000	(대) 상각후원가측정금융자산	90,000
			사채할인발행차금	5,000
			사채상환이익	5,000
	(차) 이자수익	12,000	(대) 이자비용	11,000
	사채할인발행차금	1,000	상각후원가측정금융자산	2,000

B회사가 A회사의 사채 100%를 ₩90,000에 취득한 경우 취득시점의 사채장부금액과 상각후원가측정금융자산의 취득금액이 일치하지 않으므로 사채상환손익이 발생한다. 연결조정분개 시 A회사의 장부금액 ₩95,000의 사채를 ₩90,000에 B회사가 구입하였으므로 연결실체 관점에서는 사채를 상환한 것이므로 ₩5,000의 사채상환이익을 인식해야 한다. 또한, 각 회사는 사채와 관련하여 ₩12,000의 이자수익과 ₩11,000의 이자비용을 연결조정분개 시 제거해야 하는데 이 차액 ₩1,000은 사채상환이익이 잔여만기 5년 동안 실현되는 과정으로 볼 수 있다.

> ① 사채의 총 미실현손익(사채상환손익) = 사채의 장부금액 - 상각후원가측정금융자산의 취득금액
> ② 사채의 당기 실현손익 = 총 미실현손익 × 1년/잔여만기

[그림 2-8] 내부거래 미실현손익 [사례 2]

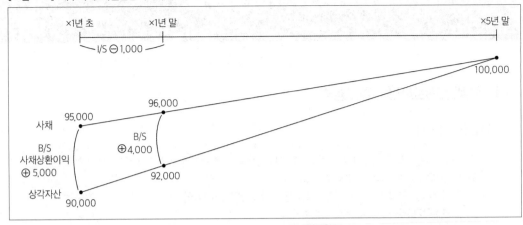

(2) 상각후원가측정금융자산의 조기처분

연결대상기업이 발행한 사채를 다른 연결대상기업이 취득하여 보유하다가 만기 전에 사채를 처분하는 경우가 있다. 이러한 상황에서는 별도재무제표상 금융자산처분손익을 인식하게 된다. 그러나 연결실체의 관점에서는 상각후원가측정금융자산 취득 시에 사채를 상환한 것으로 간주했기 때문에 상각후원가측정금융자산의 처분은 신사채의 발행으로 처리해야 한다. 따라서 연결재무제표에는 금융자산처분손익은 제거되어야 하며, 처분가액으로 신사채를 발행한 것으로 사채와 관련된 장부금액을 조정해야 한다.

(3) 유효이자율법에 의한 상각

고급회계 교과서의 연결회계에서는 일반적으로 사채할인발행차금과 상각후원가측정금융자산할인액을 정액법으로 상각한다고 가정하여 연결실체 간 사채의 내부거래를 제거하는 방법을 설명하고 있다. 그러나 K-IFRS에서는 사채할인발행차금과 상각후원가측정금융자산할인액을 유효이자율법으로 상각하도록 규정하고 있으므로 실무에서는 유효이자율법을 적용하여야 한다.

01 연결당기순이익의 계산방법

(1) 연결당기순이익

① 연결당기순이익 = 지배기업 연결조정후 당기순이익 + 종속기업 연결조정후 당기순이익
② 지배기업소유주 귀속 순이익
   = 지배기업 연결조정후 당기순이익 + 종속기업 연결조정후 당기순이익 × 지배기업지분율
   = 연결당기순이익 - 비지배지분순이익
③ 비지배지분순이익 = 종속기업 연결조정후 당기순이익 × 비지배지분율

(2) 연결조정후 당기순이익

	지배기업		종속기업		합계
보고된 당기순이익	×××		×××		×××
투자차액의 상각					
투자차액의 상각(B)			(×××)		(×××)
영업권의 손상(A)	(×××)				(×××)
염가매수차익(A)	×××				×××
내부거래제거					
배당금수익(A)	(×××)				(×××)
미실현이익	하향 (×××)		상향 (×××)		(×××)
실현이익	하향 ×××		상향 ×××		×××
연결조정후 당기순이익	A		B		A + B
∴ 연결당기순이익	A	+	B	=	A + B
지배기업소유주 귀속분	A	+	B × 지배기업지분율		
비지배지분순이익			B × 비지배지분율		

02 연결자본계정의 계산방법

(1) 연결자본총계

> [연결자본] (1) 지배기업소유주지분 + (2) 비지배지분
> (1) 지배기업소유주지분
>   ① 자본금: 지배기업 자본금
>   ② 자본잉여금: 지배기업 자본잉여금 + 지배력획득일 이후 종속기업 자본잉여금 변동분 × 지배기업지분율
>   ③ 자본조정: 지배기업 자본조정 + 지배력획득일 이후 종속기업 자본조정 변동분 × 지배기업지분율
>   ④ 이익잉여금: 지배력 획득 시 지배기업 이익잉여금 − 지배기업 배당금 + 지배력 획득일 이후 연결당기순이익 중 지배기업소유주 귀속분
>   ⑤ 기타자본요소: 지배기업 기타자본요소 + 지배력획득일 이후 종속기업 기타자본요소 변동분 × 지배기업지분율
> (2) 비지배지분: 종속기업 순자산공정가치 × 비지배지분율

(2) 비지배지분

종속기업 순자산장부금액	×××
투자차액 미상각잔액	×××
내부거래 상향 미실현손익 잔액	(×××)
종속기업 순자산공정가치	×××
	× 비지배지분율
비지배지분	×××

해커스 IFRS 김원종 POINT 고급회계

회계사·세무사·경영지도사 단번에 합격!
해커스 경영아카데미 cpa.Hackers.com

Chapter 03

연결회계 특수주제

Ⅰ 단계적 취득

Ⅱ 지배력획득 이후의 추가취득

Ⅲ 종속기업주식의 처분

Ⅳ 종속기업의 유상증자

Ⅴ 종속기업의 자기주식 취득

Ⅵ 보고기간 중의 종속기업주식의 취득

Ⅶ 복잡한 소유구조

Ⅷ 이연법인세와 연결재무제표

Ⅸ 연결현금흐름표와 연결자본변동표

보론1 종속기업이 우선주를 발행한
경우의 연결조정

보론2 연결주당이익

I | 단계적 취득

01 의의

정의	취득일 직전에 지분을 보유하고 있던 피취득자에 대한 지배력을 획득하는 거래
취득일의 결정	사업결합이 연속적인 주식매입에 의하여 단계적으로 달성되는 경우, 교환일은 각 교환거래일인 데 반해, 취득일은 취득자가 피취득자에 대한 지배력을 획득한 날임
이전대가의 측정	단계적으로 이루어지는 사업결합의 이전대가: ① + ② ① 취득자가 이전에 보유하고 있던 피취득자에 대한 지분의 취득일의 공정가치 ② 취득일에 추가 취득한 지분의 취득원가
영업권의 측정	(기존 지분의 취득일의 공정가치 + 추가 취득한 지분의 취득원가) - 종속기업의 순자산 공정가치 × 취득일의 지배기업지분율
회계처리	① 취득자는 이전에 보유하고 있던 피취득자에 대한 지분을 취득일의 공정가치로 재측정하고 그 결과 차손익이 있다면 당기손익 또는 기타포괄손익으로 인식함 ② 기존 피취득자 지분의 가치변동을 기타포괄손익으로 인식한 금액은 **취득일에 후속적으로 당기손익으로 재분류하지 않음**

[그림 3-1] 단계적 취득

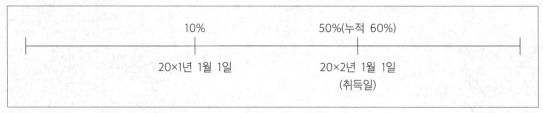

02 연결조정분개

투자주식과 자본계정의 상계제거	지배력획득시점의 종속기업 순자산장부금액과 종속기업투자주식의 공정가치를 비교하여 투자차액을 계산함
내부거래제거	지배력획득 전의 내부거래에 따른 미실현손익은 연결조정 시에 제거하지 않음

Ⅱ | 지배력획득 이후의 추가취득

[그림 3-2] 지배력획득 이후의 추가취득

01 연결조정분개

① 지배기업이 소유한 종속기업 지분이 변동되더라도 지배기업이 종속기업에 대한 지배력을 상실하지 않는다면, 그것은 자본거래임
② 지배력을 획득한 이후에 추가로 종속기업 지분을 취득한 경우 발생하는 투자차액은 연결자본잉여금으로 조정함
③ 연결재무제표작성 시 투자주식과 자본계정의 상계제거 및 내부거래제거는 연결재무제표 작성시점의 지분율을 기준으로 행함

추가 취득분의 투자차액(연결자본잉여금)
: 추가 취득한 지분의 취득원가 - 종속기업의 순자산공정가치 × 추가 취득한 지배기업지분율

⊘ 참고 지배력을 상실하지 않은 소유지분의 변동

K-IFRS 제1110호 '연결재무제표'에서는 지배기업이 소유한 종속기업 지분이 변동되더라도 지배기업이 종속기업에 대한 지배력을 상실하지 않는다면, 그것은 자본거래(즉, 소유주로서 자격을 행사하는 소유주와의 거래)라고 규정하고 있다. 연결실체를 하나의 경제적 실체로 간주하는 연결재무제표에서는 지배력을 획득한 이후의 종속기업 지분의 거래를 연결재무제표상 주주 간의 자본거래로 보기 때문이다.

Ⅲ | 종속기업주식의 처분

지배기업이 종속기업의 지분을 전부 또는 일부를 처분하는 경우가 있다. 이러한 경우 별도재무제표에서 종속기업의 주식 처분으로 인하여 지배기업은 당기손익으로 금융자산처분손익을 인식하는데 이와 관련된 연결재무제표의 회계처리는 지배력이 유지 또는 상실되었는지에 따라 구분된다.

01 지배력이 유지되는 경우

종속기업의 지분의 일부를 처분한 이후에도 지배력을 계속 유지하는 경우에는 연결재무제표를 계속 작성하여야 한다. K-IFRS 제1110호 '연결재무제표'에서는 지배기업이 소유한 종속기업 지분이 변동되더라도 지배기업이 종속기업에 대한 지배력을 상실하지 않는다면, 그것은 자본거래(즉, 소유주로서 자격을 행사하는 소유주와의 거래)라고 규정하고 있다. 따라서 종속기업주식의 일부를 처분한 이후에도 지배력을 계속 유지한다면 종속기업주식의 처분으로 인한 손익은 자본거래로 간주하여 연결자본잉여금으로 조정한다.

> 종속기업주식의 처분손익(연결자본잉여금)
> : 종속기업주식의 처분금액 − 종속기업의 순자산 공정가치 × 처분주식의 지배기업지분율 − 영업권 × 처분비율

따라서 연결재무제표 작성 시 별도재무제표에서 당기손익으로 인식한 금융자산처분손익을 제거하며, 종속기업주식의 처분금액과 종속기업의 순자산공정가치에 처분주식의 지배기업지분율을 곱한 금액과 영업권에 처분비율을 곱한 금액의 합계액과의 차이는 연결자본잉여금에 반영해야 한다.

02 지배력이 상실되는 경우

종속기업주식을 처분하여 지배력을 상실한 경우 종속기업주식의 처분금액과 장부금액의 차이는 당기손익으로 처리한다. 왜냐하면 지배력을 상실한 경우에는 지배기업이 연결실체 외부의 제3자에게 종속기업주식을 처분한 것이므로 자본거래에 해당하지 않기 때문이다. 따라서 K-IFRS 제1110호 '연결재무제표'에서는 지배기업이 종속기업주식의 처분으로 지배력을 상실한 경우 다음과 같이 회계처리하도록 규정하고 있다.

① 다음을 제거한다.
  a. 지배력을 상실한 날에 종속기업의 자산(영업권 포함)과 부채의 장부금액
  b. 지배력을 상실한 날에 이전의 종속기업에 대한 비지배지분이 있다면 그 장부금액(비지배지분에 귀속되는 기타 포괄손익의 모든 구성요소를 포함)
② 다음을 인식한다.
  a. 지배력을 상실하게 한 거래, 사건, 상황에서 받은 대가가 있다면 그 공정가치
  b. 지배력을 상실하게 한 거래, 사건, 상황에서 소유주로서의 자격을 행사하는 소유주에게 종속기업에 대한 지분의 분배가 포함될 경우, 그 분배
  c. 종전 종속기업에 대한 투자가 있다면 그 투자의 지배력을 상실한 날의 공정가치
③ 종속기업과 관련하여 기타포괄손익으로 인식한 금액을 당기손익으로 재분류하거나 다른 한국채택국제회계기준에 규정이 있는 경우에는 직접 이익잉여금으로 대체한다.[1]
④ 회계처리에 따른 모든 차이는 손익으로서 지배기업에 귀속되는 당기손익으로 인식한다.

한편 지배력을 상실한 후 보유주식은 지배력을 상실한 날의 공정가치로 측정하고 이로 인한 손익을 당기손익으로 인식한다. 왜냐하면 종속기업투자를 일부 처분함으로써 지배력을 상실한 경우에는 종속기업투자를 모두 처분한 것으로 간주하고 처분손익을 인식하며, 계속 보유하는 일부보유주식은 공정가치로 취득한 것으로 보기 때문이다.

03 지배력의 상실

① 지배력은 소유지분의 매각이나 종속기업이 제3자에게 새로운 소유지분을 발행하여 상실될 수도 있지만 소유지분이 변동하지 않더라도 종속기업에 대한 지배력을 상실할 수 있음. 그 예로서 종속기업이 정부, 법원, 관재인 또는 감독기구의 통제를 받게 되는 경우를 들 수 있음
② 지배력은 거래가 없어도 계약상 합의에 의하여 상실될 수 있음. 그 예로서 이전에 종속기업에 대한 지배를 허용했던 약정이 만료되는 경우를 들 수 있음
③ 지배기업은 둘 이상의 약정(거래)으로 종속기업에 대한 지배력을 상실할 수 있음

---

1) 지배기업이 종속기업에 대한 지배력을 상실한 경우에는 그 종속기업과 관련하여 기타포괄손익으로 인식한 모든 금액을 지배기업이 관련 자산이나 부채를 직접 처분한 경우의 회계처리와 같은 기준으로 회계처리한다. 그러므로 이전에 기타포괄손익으로 인식한 손익을 관련 자산이나 부채를 처분할 때 당기손익으로 재분류하는 경우, 지배기업은 종속기업에 대한 지배력을 상실한 때에 그 손익을 자본에서 당기손익으로 재분류(재분류 조정)한다. 이전에 기타포괄손익으로 인식한 재평가잉여금을 관련 자산을 처분할 때 직접 이익잉여금으로 대체한다면, 지배기업은 종속기업에 대한 지배력을 상실한 때 그와 같이 재평가잉여금을 직접 이익잉여금으로 대체한다.

IV | 종속기업의 유상증자

지배력을 획득한 이후에 종속기업이 자금을 조달하기 위하여 기존주주들에게 유상증자를 실시하는 경우가 있다. K-IFRS 제1110호 '연결재무제표'에서는 지배기업이 소유한 종속기업 지분이 변동되더라도 지배기업이 종속기업에 대한 지배력을 상실하지 않는다면, 그것은 자본거래(즉, 소유주로서 자격을 행사하는 소유주와의 거래)라고 규정하고 있다. 따라서 유상증자를 통하여 지배력을 상실하지 않는다면 단계적 취득 또는 종속기업주식의 처분과 유사하게 투자차액을 연결자본잉여금으로 조정한다.

01 지분율이 변동되지 않는 경우

종속기업이 유상증자 시 지배기업이 기존의 지분율만큼 추가로 취득한 경우에는 지분율이 변동되지 않아 투자차액이 발생하지 않으므로 연결자본잉여금으로 추가적인 조정을 수행할 필요가 없다.

02 지분율이 변동되는 경우

종속기업이 유상증자 시 지배기업이 기존의 지분율보다 많이 취득하거나 적게 취득하게 되면 지배기업의 지분율이 변동하게 된다. 이러한 경우 투자차액은 아래와 같이 계산되며, 지분율이 변동됨에 따라 발생하는 투자차액은 연결자본잉여금으로 조정한다.

종속기업주식의 취득원가		×××
종속기업의 순자산가치		
유상증자 후 지배기업지분	×××	
유상증자 전 지배기업지분	(×××)	(×××)
투자차액(연결자본잉여금)		×××

왜냐하면 지배기업이 소유한 종속기업 지분이 변동되더라도 지배기업이 종속기업에 대한 지배력을 상실하지 않는다면, 그것은 자본거래이기 때문이다.

V | 종속기업의 자기주식 취득

지배기업의 소유지분의 변동은 종속기업이 자기주식을 취득하는 경우에도 발생한다. 예를 들어, 지배기업이 종속기업의 총발행주식 100주 중 60주를 보유한 상태에서 종속기업이 자기주식 20주를 매입하게 되면 지배기업의 지분율은 60%(= 60주/100주)에서 75%(= 60주/80주)로 증가하게 된다.

연결재무제표작성 시 종속기업의 자본계정은 지배기업의 투자주식계정과 상계제거되므로 종속기업의 자기주식계정도 상계제거하여야 한다. 지배기업의 지분율이 증가함에 따라 투자주식과 자본계정 상계제거 시 차액이 발생한 경우에는 이를 자본거래로 보아 연결자본잉여금으로 조정한다. 이때 투자차액은 다음과 같이 계산한다.

자기주식 취득금액		×××
종속기업의 순자산가치		
자기주식취득 후 비지배지분	×××	
자기주식취득 전 비지배지분	(×××)	(×××)
투자차액(연결자본잉여금)		×××

VI | 보고기간 중의 종속기업주식의 취득

01 보고기간 중의 종속기업주식 취득의 연결조정분개

실무에서 보고기간 중에 종속기업주식을 취득한 경우 연결재무제표에는 보고기간 말 현재 종속기업의 자산 및 부채가 반영된다. 그러나 당해 보고기간 중에 발생한 종속기업의 손익항목인 수익과 비용은 보고기간 전체를 반영할 것인지 취득일 이후부터 보고기간 말까지 수익과 비용을 반영할 것인지의 문제가 발생한다. K-IFRS 제1110호 '연결재무제표'에서는 지배기업은 종속기업에 대해 지배력을 획득하는 시점부터 지배력을 상실하기 전까지 종속기업의 수익과 비용을 연결재무제표에 포함한다고 규정하고 있다. 따라서 연결포괄손익계산서를 작성할 때 보고기간 중에 종속기업주식을 취득한 경우에는 취득일 이후부터 보고기간 말까지 수익과 비용을 반영해야 한다. 실무적으로 지배력을 획득하는 시점부터 보고기간 말까지 수익과 비용을 반영하는 방법은 다음의 2가지 방법이 있다.

① 취득일 이후 종속기업의 수익과 비용만을 연결재무제표에 반영하는 방법
② 보고기간의 총수익과 총비용을 연결재무제표에 반영하고, 취득일 전에 발생한 종속기업의 이익을 '종속기업 취득일 전 순손익'으로 차감하는 방법

⚡POINT 보고기간 중의 종속기업주식 취득의 연결조정분개

① 지배기업은 종속기업에 대해 지배력을 획득하는 시점부터 지배력을 상실하기 전까지 종속기업의 수익과 비용을 연결재무제표에 포함함
② 연결포괄손익계산서를 작성할 때 보고기간 중에 종속기업주식을 취득한 경우에는 취득일 이후부터 보고기간 말까지 수익과 비용을 반영해야 함

02 배당금수익의 회계처리와 배당기준일

지배기업이 종속기업으로부터 배당금을 수취하는 경우가 있다. 이때 지배기업은 개별회계상 종속기업투자 주식을 원가법 또는 공정가치법으로 회계처리하는 경우에는 지배기업의 포괄손익계산서에 배당금수익이 계 상되는데, 이러한 배당금수익은 종속기업이 당기 이전에 벌어들인 이익을 분배한 것이다. 따라서 연결재무 제표작성 시 지배기업의 포괄손익계산서에 계상된 배당금수익을 종속기업의 이익잉여금으로 대체시켜야 한 다. 왜냐하면 지배기업과 종속기업 간의 배당거래는 연결실체 입장에서 내부거래에 해당하기 때문이다.

지배기업이 종속기업의 주식을 기중에 취득한 경우에는 배당기준일에 대해서도 고려하여야 한다. 종속기업 주식의 실제 취득일이 종속기업의 배당기준일 이전이냐 아니면 배당기준일 이후냐에 따라 종속기업의 순자 산금액이 달라지기 때문이다. 즉, 종속기업주식의 실제 취득일이 종속기업의 배당기준일 이전인 경우에는 당해 배당금에 대한 청구권이 있으므로 당해 배당금을 포함한 금액으로 투자차액을 계산해야 하며, 종속기업 주식의 실제 취득일이 종속기업의 배당기준일 이후인 경우에는 당해 배당금에 대한 청구권이 없으므로 당해 배당금을 제외한 금액으로 투자차액을 계산해야 한다.

만약 종속기업의 배당기준일 이전에 종속기업주식을 취득한 경우에 종속기업으로부터 배당금을 수취한다면 배당금수익으로 회계처리하지 않고 투자주식의 금액을 감소시켜야 한다. 왜냐하면 이러한 경우 수취한 배당 금은 종속기업의 주식을 취득하기 전에 종속기업이 벌어들인 이익에 대한 것이므로 수익이 아니라 투자금액 을 반환한 것으로 간주하기 때문이다.

⚡ POINT | 배당기준일

연결조정	① 종속기업주식의 실제취득일이 종속기업의 배당기준일 이전인 경우 : 당해 배당금을 포함한 금액으로 투자차액을 계산함 ② 종속기업주식의 실제취득일이 종속기업의 배당기준일 이후인 경우 : 당해 배당금을 제외한 금액으로 투자차액을 계산함

Ⅶ | 복잡한 소유구조

01 지배·종속관계의 유형

(1) 직접소유

직접소유란 지배기업이 하나의 종속기업을 직접적으로 소유하거나, 지배기업이 다수의 종속기업을 직접적으로 소유하는 형태의 지배·종속관계를 말한다. 직접소유의 지배·종속관계의 유형은 다음과 같다.

[그림 3-3] 직접소유

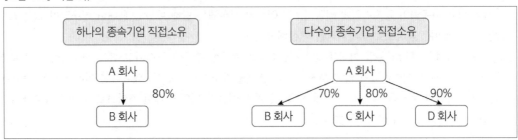

(2) 간접소유와 합동소유

간접소유는 최상위 지배기업이 중간지배기업을 통하여 다른 종속기업을 간접적으로 소유하는 것을 말한다. 한편 합동소유는 지배기업과 종속기업이 합하여 또 다른 종속기업을 소유하는 것을 말한다. 간접소유와 합동소유의 지배·종속관계의 유형은 다음과 같다.

[그림 3-4] 간접소유와 합동소유

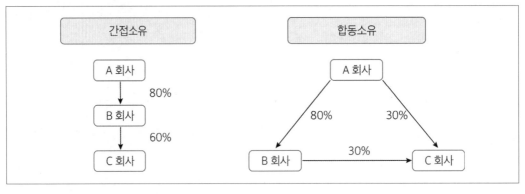

(3) 상호소유

상호소유란 지배기업과 종속기업이 상호 간에 상대방의 주식을 소유하는 경우의 소유구조를 말한다. 상호소유는 종속기업이 지배기업의 주식을 소유하는 지배기업과 종속기업의 상호소유와 종속기업 상호 간에 상대방의 주식을 소유하는 종속기업 간의 상호소유로 구분된다. 상호소유의 지배·종속관계의 유형은 다음과 같다.

[그림 3-5] 상호소유

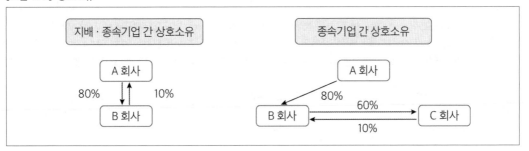

02 연결조정분개

(1) 연결당기순이익은 지배기업과 종속기업의 연결조정후 당기순이익을 합한 금액이며 연결실체 간의 지배기업지분율을 고려하여 연결당기순이익을 지배기업소유주지분과 비지배지분으로 배분한다.

(2) 종속기업이 지배기업의 주식을 소유하고 있는 경우 연결실체 입장에서는 자기주식을 취득하는 것으로 본다. 따라서 종속기업이 지배기업주식을 소유하고 있는 경우 종속기업이 보유하고 있는 지배기업주식을 자기주식으로 처리하며, 지배기업의 연결조정후 당기순이익 중 종속기업의 해당분은 배분하지 않는다.

VIII | 이연법인세와 연결재무제표

01 이연법인세와 연결재무제표

① 연결재무제표 작성 시에는 연결실체 내의 지배기업과 종속기업은 별도재무제표에서 자산·부채의 장부금액과 「법인세법」상 자산·부채의 세무기준액의 차이에 대해서 이미 이연법인세자산·부채 및 당기법인세자산·부채를 인식하고 있는 상태로 연결정산표에서 합산되므로 별도재무제표와 관련된 법인세효과에 대한 추가적인 조정은 필요하지 않음
② 연결재무제표를 작성하는 경우 추가적인 연결조정분개에서 발생하는 일시적차이에 대한 이연법인세자산·부채를 고려함

[투자주식과 자본계정의 상계제거]

① 연결조정분개 시 자산·부채의 공정가치와 장부금액의 차이로 발생하는 투자차액은 세무상 자산·부채의 세무기준액으로 인정되지 않아 일시적차이에 해당하므로 이에 대한 이연법인세자산·부채를 인식해야 함
② 영업권에 대해서는 이연법인세부채를 인식하지 아니함(∵ 순환논리)

사례 이연법인세와 연결재무제표

20×1년 초에 A회사는 B회사의 보통주 60%를 ₩800,000에 취득하여 지배력을 획득하였다. 20×1년 초 현재 B회사의 순자산은 ₩1,000,000(자본금 ₩700,000, 자본잉여금 ₩200,000, 이익잉여금 ₩100,000) 이었다.

(1) 20×1년 말에 A회사와 B회사의 재무상태표와 20×1년의 포괄손익계산서는 다음과 같다.

재무상태표

20×1년 12월 31일 현재 (단위: 원)

	A회사	B회사		A회사	B회사
현금및현금성자산	1,100,000	500,000	부채	2,200,000	1,100,000
투자주식(B회사)	800,000	–	자본금	1,400,000	700,000
재고자산	800,000	600,000	자본잉여금	400,000	200,000
토지	1,000,000	800,000	이익잉여금	500,000	300,000
건물(순액)	800,000	400,000			
	4,500,000	2,300,000		4,500,000	2,300,000

포괄손익계산서
20×1년 1월 1일부터 20×1년 12월 31일까지 (단위: 원)

	A회사	B회사
매출액	1,000,000	500,000
매출원가	(500,000)	(200,000)
매출총이익	500,000	300,000
감가상각비	(200,000)	(100,000)
당기순이익	300,000	200,000

(2) 20×1년 초 현재 B회사의 장부금액과 공정가치가 다른 자산과 부채는 다음과 같다.

구분	장부금액	공정가치
재고자산	₩400,000	₩450,000
토지	₩800,000	₩850,000
건물	₩500,000	₩600,000

재고자산은 선입선출법을 적용하여 20×1년 중 전액 외부로 판매되었으며, 토지는 20×1년 말 현재 보유 중이다. 건물은 20×1년 초 현재 잔존내용연수는 5년이며, 잔존가치는 없고 정액법으로 감가상각한다.

(3) A회사는 B회사의 투자주식을 원가법으로 회계처리하고 있으며, 영업권은 20×1년 말까지 손상되지 않았으며, 법인세율은 30%이다.

물음 1 20×1년 말 연결재무상태표에 계상될 영업권은 얼마인가? 단, 비지배지분에 대한 영업권은 인식하지 않는다.

물음 2 20×1년 말 연결재무제표를 작성하는 경우 연결조정분개를 나타내시오.

해답 물음 1

투자주식의 취득원가		₩800,000
B회사의 순자산장부금액	₩1,000,000	
재고자산 과소평가	₩50,000	
토지 과소평가	₩50,000	
건물 과소평가	₩100,000	
투자차액에 대한 이연법인세부채: ₩200,000 × 30% =	₩(60,000)	
계	₩1,140,000	
지배기업지분율	× 60%	₩(684,000)
영업권		₩116,000

물음 2

[투자주식과 자본계정의 상계제거]

① 취득시점의 투자·자본 상계	(차) 자본금(B)	700,000	(대) 투자주식	800,000
	자본잉여금(B)	200,000	비지배지분	456,000[3]
	이익잉여금(B)	100,000[1]	이연법인세부채	60,000[4]
	재고자산	50,000		
	토지	50,000		
	건물	100,000		
	영업권	116,000[2]		

[1] 20×1년 초 이익잉여금
[2] 영업권: ₩800,000 − (₩1,000,000 + ₩200,000 − ₩60,000) × 60% = ₩116,000
[3] 비지배지분: (₩1,000,000 + ₩200,000 − ₩60,000) × 40% = ₩456,000
[4] 이연법인세부채: (₩50,000 + ₩50,000 + ₩100,000) × 30% = ₩60,000

② 투자차액의 상각	(차) 매출원가	50,000	(대) 재고자산	50,000
	이연법인세부채	15,000[1]	법인세비용	15,000
	(차) 감가상각비	20,000[2]	(대) 감가상각누계액(건물)	20,000
	이연법인세부채	6,000[3]	법인세비용	6,000

[1] 재고자산이 당해 보고기간에 비용화된 금액만큼 △유보(가산할 일시적차이)가 소멸되었으므로 관련 이연법인세부채를 감소시킴(₩50,000 × 30% = ₩15,000)
[2] ₩100,000 ÷ 5년 = ₩20,000
[3] ₩20,000 × 30% = ₩6,000

[비지배지분순이익 계상]

③ 비지배지분이익 계상	(차) 이익잉여금	60,400	(대) 비지배지분	60,400[1]

[1]
B회사 보고된 당기순이익	₩200,000
매출원가: ₩50,000 × (1 − 30%) =	₩(35,000)
감가상각비: ₩20,000 × (1 − 30%) =	₩(14,000)
B회사 연결조정 후 당기순이익	₩151,000
비지배지분율	× 40%
비지배지분순이익	₩60,400

해설 **1. 연결당기순이익**

	A회사	B회사	합계
보고된 당기순이익	₩300,000	₩200,000	₩500,000
투자차액의 상각			
재고자산		₩(35,000)	₩(35,000)
건물		₩(14,000)	₩(14,000)
연결조정 후 당기순이익	₩300,000	₩151,000	₩451,000

∴ 연결당기순이익:	₩300,000	+	₩151,000	=	₩451,000
지배기업소유주 귀속 당기순이익:	₩300,000	+	₩151,000 × 60%	=	₩390,600
비지배지분순이익:			₩151,000 × 40%	=	₩60,400

2. 비지배지분

① 20×1년 말 B회사 순자산장부금액: ₩1,000,000 + ₩200,000 =		₩1,200,000
20×1년 말 투자차액 미상각잔액		
토지		₩50,000
건물: ₩100,000 × 4년/5년 =		₩80,000
투자차액에 대한 이연법인세부채: ₩130,000 × 30% =		₩(39,000)
② 20×1년 말 B회사 순자산공정가치		₩1,291,000
③ 비지배지분율		× 40%
④ 20×1년 말 비지배지분		₩516,400

02 내부거래제거

① 내부거래의 미실현손익을 제거함에 따라 발생하는 일시적차이의 법인세효과를 적절히 반영해야 함
② 지배기업과 종속기업에 적용되는 법인세율이 다를 경우에는 관련된 자산이나 부채를 보유하는 기업에 적용되는 세율을 기준으로 이연법인세자산 또는 부채를 인식해야 함

사례1

20×1년 1월 1일 A회사는 B회사의 주식 60%를 취득하여 지배력을 획득하였다. A회사는 20×1년에 원가 ₩80,000인 상품을 B회사에 ₩100,000에 판매하였으나 B회사는 20×1년에 동 상품을 연결실체 외부의 제3자에게 판매하지 못하고 기말재고자산으로 계상하였다. 단, 법인세율은 30%이다.

[20×1년 연결조정분개]

구분	회계처리				
재고자산 내부거래	(차) 매출		100,000	(대) 매출원가	100,000
	매출원가		20,000	재고자산	20,000
	이연법인세자산		6,000	법인세비용	6,000

* 미실현이익 ₩20,000만큼 회계상 재고자산의 장부금액이 세법상 재고자산의 세무기준액보다 작아 유보가 발생하므로, 이에 대한 법인세효과 ₩6,000(= ₩20,000 × 30%)을 이연법인세자산으로 인식함

사례2

20×1년 1월 1일 A회사는 B회사의 주식 60%를 취득하여 지배력을 획득하였다. A회사는 20×1년에 원가 ₩80,000인 상품을 B회사에 ₩100,000에 판매하였으며 B회사는 20×2년에 모든 상품을 연결실체 외부의 제3자에게 ₩120,000에 판매하였다. 단, 법인세율은 30%이다.

[20×2년 연결조정분개]

구분	회계처리				
재고자산 내부거래	(차) 이익잉여금		20,000	(대) 매출원가	20,000
	법인세비용		6,000	이익잉여금	6,000

* 실현이익 ₩20,000만큼 회계이익이 증가하였으므로 실현이익에 대한 법인세비용도 ₩6,000(= ₩20,000 × 30%)을 증가시켜야 함

Ⅸ | 연결현금흐름표와 연결자본변동표

01 연결현금흐름표

연결현금흐름표의 정의	일정기간 동안 재무제표이용자에게 연결실체의 현금및현금성자산의 창출능력과 현금흐름의 사용 용도를 평가하는 데 유용한 기초를 제공하는 재무제표
종속기업의 취득과 지배력을 상실하는 소유지분의 변동	① 종속기업과 기타 사업에 대한 지배력의 획득 또는 상실에 따른 총현금흐름은 별도로 표시하고 투자활동으로 분류함 ② 종속기업 또는 기타 사업에 대한 지배력획득 또는 상실에 대가로 현금을 지급하거나 수취한 경우에는 그러한 거래, 사건 또는 상황변화의 일부로서 취득이나 처분 당시 종속기업 또는 기타 사업이 보유한 현금및현금성자산을 가감한 순액으로 현금흐름표에 보고함
지배력을 상실하지 않는 소유지분의 변동	지배력을 상실하지 않는 종속기업에 대한 소유지분의 변동으로 발생한 현금흐름은 자본거래로 보아 재무활동현금흐름으로 분류함
지배기업과 종속기업의 배당금	① 지배기업이 지배기업주주에게 배당금을 지급한 경우는 연결실체의 외부로 현금이 유출되므로 재무활동현금흐름 또는 영업활동현금흐름으로 표시함 ② 종속기업의 배당금지급액 중 지배기업에 지급된 금액은 연결실체 내에서 현금의 이동이므로 연결현금흐름표에 표시하면 안 됨 ③ 종속기업의 배당금지급액 중 비지배주주에 대한 배당금만 재무활동현금흐름 또는 영업활동현금흐름으로 표시함

02 연결자본변동표

연결자본변동표의 정의	연결실체의 일정시점에 자본의 잔액과 일정기간 동안 자본의 변동에 관한 정보를 제공하는 재무제표
연결자본변동표의 양식	연결자본변동표의 양식은 연결실체의 자본의 변동을 지배기업 소유주지분과 비지배지분으로 구분하여 표시하도록 규정함

연결자본변동표에 포함될 정보	① 지배기업의 소유주와 비지배지분에게 각각 귀속되는 금액으로 구분하여 표시한 해당 기간의 총포괄손익
	② 자본의 각 구성요소별로, K-IFRS 제1008호에 따라 인식된 소급적용이나 소급재작성의 영향
	③ 자본의 각 구성요소별로 다음의 각 항목에 따른 변동액을 구분하여 표시한, 기초시점과 기말시점의 장부금액 조정내역
	  a. 당기순손익
	  b. 기타포괄손익
	  c. 소유주로서의 자격을 행사하는 소유주와의 거래(소유주에 의한 출자와 소유주에 대한 배분, 그리고 지배력을 상실하지 않는 종속기업에 대한 소유지분의 변동을 구분하여 표시)

| # 종속기업이 우선주를 발행한 경우의 연결조정

지금까지는 종속기업이 보통주만을 발행하고 있는 경우의 연결회계에 대하여 설명하였다. 그러나 실제로는 많은 회사들이 우선주도 발행하고 있는데, 종속기업이 우선주를 발행하고 있는 경우에는 우선 종속기업의 자본항목을 보통주지분과 우선주지분으로 구분하여야 한다. 이때 종속기업의 납입자본과 기타자본요소를 보통주지분과 우선주지분으로 배분하는 것은 간단하지만, 종속기업의 이익잉여금과 당기순이익을 보통주지분과 우선주지분으로 배분하는 것은 우선주의 성격에 따라 안분비율이 달라지므로 매우 복잡한 문제를 발생시킨다. 또한 지배기업이 종속기업의 우선주를 소유하고 있는지의 여부에 따라 투자주식과 자본계정의 상계방법이 달라지게 된다.

K-IFRS 제1110호 '연결재무제표'에서는 종속기업이 자본으로 분류하는 누적적우선주를 발행하고 이를 비지배지분이 소유하고 있는 경우에 보고기업은 배당결의 여부와 관계없이 이러한 주식의 배당금을 조정한 후 당기순손익에 대한 자신의 지분을 산정한다고 규정하고 있다. 그러나 참가적우선주와 비참가적우선주에 대한 연결조정분개의 명확한 규정은 없다.

한편 일반기업회계기준에서는 누적적우선주뿐만 아니라 참가적우선주에 대해서도 보통주지분과 우선주지분을 구분하도록 규정하고 있다. 따라서 K-IFRS의 명확한 규정이 없으므로 일반기업회계기준에 입각하여 종속기업이 발행한 우선주가 누적적인지 여부와 참가적인지 여부까지 고려하여 각각의 상황에 따른 연결조정분개를 살펴보기로 한다.

01. 종속기업 자본항목의 구분

연결재무제표를 작성하기 위해서는 종속기업의 자본을 보통주지분과 우선주지분으로 구분하여야 한다. 일반적으로 종속기업의 자본은 우선주 발행일 이후부터 보통주지분과 우선주지분으로 구분하면 된다. 종속기업의 납입자본과 기타자본요소(이익잉여금 제외)는 간단하지만, 이익잉여금을 보통주지분과 우선주지분으로 배분하는 것은 우선주의 성격에 따라 안분비율이 달라지므로 이를 구분하여 설명하기로 한다.

(1) 이익잉여금을 제외한 자본 변동액의 배분

이익잉여금을 제외한 자본 변동액은 우선주에 잔여재산청구권이 있는지 여부에 따라 보통주지분과 우선주지분에 귀속될 금액으로 다음과 같이 배분하여야 한다.

구분	잔여재산청구권이 있는 경우 (참가적우선주)	잔여재산청구권이 없는 경우 (비참가적우선주)
우선주지분 귀속	종속기업 총자본 × 우선주자본금비율	우선주자본금
보통주지분 귀속	종속기업 총자본 × 보통주자본금비율	종속기업 총자본 - 우선주자본금

(2) 이익잉여금 변동액의 배분

우선주를 발행한 이후에 종속기업의 이익잉여금 변동액 중 우선주지분에 귀속되는 금액은 매 보고기간의 종속기업의 당기순이익을 우선주의 성격(누적적 또는 참가적)에 따라 우선주지분에 귀속시킨 금액의 누적액이다. 보통주지분에 귀속되는 금액은 총이익잉여금의 변동액에서 우선주지분에 귀속된 금액을 차감하여 계산한다. 일반기업회계기준에서는 다음과 같이 보통주지분의 귀속금액을 계산하도록 규정하고 있다.

구분	당기순이익 중 보통주지분 귀속금액
누적적 · 참가적	종속기업의 당기순이익 중 보통주주의 지분은 우선주에 대한 배당선언에 관계없이 종속기업의 당기순이익에서 보통주배당금과 우선주배당금(과거에 우선주배당률에 못 미치는 우선주배당액이 있는 경우에는 그 금액 포함)을 차감한 금액에 보통주자본금비율을 곱한 값과 보통주배당금을 합하여 계산한다.
누적적 · 비참가적	종속기업의 당기순이익 중 보통주주의 지분은 우선주에 대한 배당선언에 관계없이 종속기업의 당기순이익에서 우선주배당금(과거에 우선주배당률에 못 미치는 우선주배당액이 있는 경우에는 그 금액 포함)을 차감한 금액으로 계산한다.
비누적적 · 참가적	종속기업의 당기순이익 중 보통주주의 지분은 우선주에 대한 배당선언을 하지 않은 경우에는 종속기업의 당기순이익에 보통주자본금비율을 곱하여 계산하고, 우선주에 대한 배당선언을 한 경우에는 종속기업의 당기순이익에서 보통주배당금과 우선주배당금을 차감한 금액에 보통주자본금비율을 곱한 값과 보통주배당금을 합하여 계산한다.
비누적적 · 비참가적	종속기업의 당기순이익 중 보통주주의 지분은 우선주에 대한 배당선언을 하지 않은 경우에는 종속기업 당기순이익 전체 금액으로 하고, 우선주에 대한 배당선언을 한 경우에는 종속기업 당기순이익에서 우선주배당금을 차감한 금액으로 한다.

02. 연결조정분개

(1) 지배기업이 종속기업의 우선주를 소유하지 않은 경우

지배기업이 종속기업의 우선주를 소유하고 있지 않은 경우에는 종속기업의 자본계정 중 우선주지분 전체를 비지배지분에 배분하면 된다. 즉, 이익잉여금과 당기순이익을 우선주의 성격에 따라 보통주지분과 우선주지분으로 안분한 후 우선주지분을 모두 비지배지분으로 배분하면 된다.

(2) 지배기업이 종속기업의 우선주를 소유하고 있는 경우

지배기업이 종속기업의 우선주를 취득한 경우는 우선주지분의 환급으로 보고 우선주에 대한 투자계정과 자본계정을 상계제거할 때는 자본계정금액이 투자계정금액보다 많으면 차액은 연결자본잉여금에서 조정한다. 왜냐하면 지배기업이 종속기업의 우선주를 매입하는 것은 연결실체 관점에서 볼 때 우선주를 상환하는 것으로 볼 수 있기 때문이다.

한편 종속기업의 당기순이익도 보통주지분과 우선주지분으로 귀속될 금액으로 구분하여 비지배지분으로 대체해야 한다.

01. 의의

한국채택국제회계기준에서는 연결포괄손익계산서에 이익의 분배에 대해 서로 다른 권리를 가지는 보통주 종류별로 이에 대한 기본주당이익과 희석주당이익을 보통주에 귀속되는 계속영업손익과 당기순손익에 대하여 계산하여 이를 포괄손익계산서에 표시하고 그 산출근거를 주석으로 기재하도록 규정하고 있다.

02. 기본주당이익

K-IFRS 제1033호 '주당이익'에서는 지배기업의 보통주에 귀속되는 당기순손익에 대하여 기본주당이익을 계산하고, 지배기업의 보통주에 귀속되는 계속영업손익을 표시할 경우 이에 대하여 기본주당이익을 계산하도록 규정하고 있다. 또한, 기본주당이익은 지배기업의 보통주에 귀속되는 특정 회계기간의 당기순손익(분자)을 그 기간에 유통된 보통주식수를 가중평균한 주식수(분모)로 나누어 계산해야 한다. 왜냐하면 연결재무제표의 납입자본은 지배기업의 납입자본만이 인식되고, 종속기업의 자본금은 연결재무제표를 작성하는 과정에서 투자주식으로 제거되거나, 비지배지분으로 대체되기 때문이다.

$$1.\ 기본주당순손익 = \frac{지배기업의\ 보통주당기순손익}{가중평균유통보통주식수}$$

$$2.\ 기본주당계속영업손익 = \frac{지배기업의\ 보통주계속영업손익}{가중평균유통보통주식수}$$

03. 희석주당이익

K-IFRS 제1033호 '주당이익'에서는 지배기업의 보통주에 귀속되는 당기순손익에 대하여 희석주당이익을 계산하고, 지배기업의 보통주에 귀속되는 계속영업손익을 표시할 경우 이에 대하여 희석주당이익을 계산하도록 규정하고 있다. 또한, 희석주당이익을 계산하기 위해서는 모든 희석효과가 있는 잠재적보통주(이하 '희석성 잠재적보통주'라 한다)의 영향을 고려하여 지배기업의 보통주에 귀속되는 당기순손익 및 가중평균유통보통주식수를 조정해야 한다.

$$1.\ 희석주당순손익 = \frac{지배기업의\ 보통주당기순손익 + 세후\ 잠재적보통주이익}{가중평균유통보통주식수 + 잠재적보통주식수}$$

$$2.\ 희석주당계속영업손익 = \frac{지배기업의\ 보통주계속영업손익 + 세후\ 잠재적보통주이익}{가중평균유통보통주식수 + 잠재적보통주식수}$$

⚡ POINT **연결주당이익**

기본주당이익	① 지배기업의 보통주에 귀속되는 당기순손익에 대하여 기본주당이익을 계산하고, 지배기업의 보통주에 귀속되는 계속영업손익을 표시할 경우 이에 대하여 기본주당이익을 계산함 ② 기본주당이익은 지배기업의 보통주에 귀속되는 특정 회계기간의 당기순손익(분자)을 그 기간에 유통된 보통주식수를 가중평균한 주식수(분모)로 나누어 계산함
희석주당이익	① 지배기업의 보통주에 귀속되는 당기순손익에 대하여 희석주당이익을 계산하고, 지배기업의 보통주에 귀속되는 계속영업손익을 표시할 경우 이에 대하여 희석주당이익을 계산함 ② 희석주당이익을 계산하기 위해서는 모든 희석효과가 있는 잠재적보통주(이하 '희석성 잠재적보통주'라 한다)의 영향을 고려하여 지배기업의 보통주에 귀속되는 당기순손익 및 가중평균유통보통주식수를 조정함

cpa.Hackers.com

해커스 IFRS 김원종 POINT 고급회계

회계사 · 세무사 · 경영지도사 단번에 합격!
해커스 경영아카데미 cpa.Hackers.com

Chapter 04

관계기업과 공동기업에 대한 투자

Ⅰ 관계기업투자의 일반론

Ⅱ 지분법의 회계처리

Ⅲ 지분법의 특수주제

Ⅳ 공동약정

Ⅰ │ 관계기업투자의 일반론

01 관계기업투자의 의의

관계기업	투자자가 유의적인 영향력을 보유하는 피투자자인 기업
유의적인 영향력	유의적인 영향력은 피투자자의 재무정책과 영업정책에 관한 의사결정에 참여할 수 있는 능력
지배력	투자자가 피투자자에 관여함에 따라 변동이익에 노출되거나 변동이익에 대한 권리가 있고, 피투자자에 대한 자신의 힘으로 변동이익에 영향을 미치는 능력
공동지배력	약정의 지배력에 대한 계약상 합의된 공유로서, 관련 활동에 대한 결정에 지배력을 공유하는 당사자들 전체의 동의가 요구될 때에만 존재하는 것

> ⊘ 참고 **유의적인 영향력**
>
> 유의적인 영향력은 피투자자의 재무정책과 영업정책을 결정할 수 있는 능력인 지배력과 구별된다. K-IFRS에 의하면 지배력(control)은 투자자가 피투자자에 관여함에 따라 변동이익에 노출되거나 변동이익에 대한 권리가 있고, 피투자자에 대한 자신의 힘으로 변동이익에 영향을 미치는 능력이 있는 것을 의미한다. 또한 약정의 지배력에 대한 계약상 합의된 공유로서, 관련활동에 대한 결정에 지배력을 공유하는 당사자들 전체의 동의가 요구될 때에만 존재하는 공동지배력(joint control)과도 구분되는 개념이다.

[그림 4-1] 합병, 지배력, 공동지배력 및 유의적인 영향력

구분	지분율	C회사 명칭	회계처리
합병	A회사 + C회사 = A회사	피취득자	합병회계
지배력	지배력 (과반수) A회사 ➡ C회사	종속기업	연결회계
공동지배력	공동지배력 (50%) A회사 ➡ C회사 ⬆ (50%) B회사	공동기업	지분법
유의적인 영향력	유의적인 영향력 (20% 이상) A회사 ➡ C회사	관계기업	지분법
매도목적	매도목적 (20% 미만) A회사 ➡ C회사		공정가치법 (당기손익 또는 기타포괄손익)

02 유의적인 영향력의 식별

지분율 기준	① 기업이 직접 또는 간접(예 종속기업을 통하여)으로 피투자자에 대한 의결권의 20% 이상을 소유하고 있다면 유의적인 영향력을 보유하는 것으로 봄. 다만 유의적인 영향력이 없다는 사실을 명백하게 제시할 수 있는 경우는 그러하지 아니함 ② 다른 투자자가 해당 피투자자의 주식을 상당한 부분 또는 과반수 이상을 소유하고 있다고 하여도 기업이 피투자자에 대하여 유의적인 영향력을 보유하고 있다는 것을 반드시 배제하는 것은 아님
실질판단기준	다음 중 하나 이상에 해당하는 경우에는 일반적으로 유의적인 영향력을 보유한다는 것이 입증됨 ① 피투자자의 이사회나 이에 준하는 의사결정기구에 참여 ② 배당이나 다른 분배에 관한 의사결정에 참여하는 것을 포함하여 정책결정과정에 참여 ③ 기업과 피투자자 사이의 중요한 거래 ④ 경영진의 상호 교류 ⑤ 필수적 기술정보의 제공
잠재적 의결권의 존재와 영향의 고려	① 기업이 유의적인 영향력을 보유하는지를 평가할 때에는, 다른 기업이 보유한 잠재적 의결권을 포함하여 현재 행사할 수 있거나 전환할 수 있는 잠재적 의결권의 존재와 영향을 고려함 ② 잠재적 의결권이 유의적인 영향력에 기여하는지 평가할 때 기업은 잠재적 의결권에 영향을 미치는 모든 사실과 상황을 검토하여야 함. 다만, 그러한 잠재적 의결권의 행사나 전환에 대한 경영진의 의도와 재무 능력은 고려하지 아니함

03 유의적인 영향력의 상실

기업이 피투자자의 재무정책과 영업정책의 의사결정에 참여할 수 있는 능력을 상실하면 피투자자에 대한 유의적인 영향력을 상실한다. 일반적으로 유의적인 영향력은 절대적이거나 상대적인 소유지분율의 변동에 따라 상실한다. 그러나 소유지분율이 변동하지 않더라도 상실할 수 있는데, 관계기업이 정부, 법원, 관재인, 감독기구의 통제를 받게 되는 경우나 계약상 약정으로 인하여 유의적인 영향력을 상실할 수 있다. 유의적인 영향력을 상실할 수 있는 경우는 다음과 같다.

① 절대적이거나 상대적인 소유지분율의 변동
② 관계기업이 정부, 법원, 관재인, 감독기구의 통제를 받게 되는 경우
③ 계약상 약정으로 유의적인 영향력이 상실되는 경우

04 지분법의 적용 대상 및 적용배제

(1) 지분법의 적용 대상

연결재무제표	피투자자에 대하여 공동지배력이나 유의적인 영향력을 갖는 기업은, 당해 관계기업이나 공동기업에 대한 투자에 대하여 지분법을 사용하여 회계처리함
별도재무제표	별도재무제표를 작성할 때, 종속기업, 공동기업, 관계기업에 대한 투자자산은 다음 a, b, c 중 어느 하나를 선택하여 회계처리함 a. 원가법 b. K-IFRS 제1109호 '금융상품'에 따른 방법(공정가치법) c. K-IFRS 제1028호 '관계기업과 공동기업에 대한 투자'에서 규정하고 있는 지분법

(2) 지분법의 적용배제

연결재무제표작성이 면제되는 지배기업 및 조건을 충족하는 경우	기업이 연결재무제표 작성이 면제되는 지배기업이거나 다음의 조건을 모두 충족하는 경우, 관계기업이나 공동기업에 대한 투자에 지분법을 적용할 필요가 없음 a. 기업이 그 자체의 지분 전부를 소유하고 있는 다른 기업의 종속기업이거나, 그 자체의 지분 일부를 소유하고 있는 다른 기업의 종속기업이면서 그 기업이 지분법을 적용하지 않는다는 사실을 그 기업의 다른 소유주들에게 알리고 그 다른 소유주들이 그것을 반대하지 않는 경우 b. 기업의 채무상품 또는 지분상품이 공개시장에서 거래되지 않는 경우 c. 기업이 공개시장에서 증권을 발행할 목적으로 증권감독기구나 그 밖의 감독기관에 재무제표를 제출한 적이 없으며 현재 제출하는 과정에 있지도 않은 경우 d. 기업의 최상위 지배기업이나 중간지배기업이 한국채택국제회계기준을 적용하여 작성한 공용 가능한 재무제표에 K-IFRS 제1110호 '연결재무제표'에 따라 종속기업을 연결하거나 종속기업을 공정가치로 측정하여 당기손익에 반영한 경우
벤처캐피탈 투자기구나 뮤추얼펀드 등	기업은 그 투자를 K-IFRS 제1109호 '금융상품'에 따라 당기손익-공정가치 측정항목으로 선택할 수도 있음
매각예정으로 분류	관계기업이나 공동기업에 대한 투자가 매각예정 분류기준을 충족하는 경우, 관계기업에 대한 투자지분은 순공정가치와 장부금액 중 작은 금액으로 측정하여, 손상차손 과목으로 당기손익으로 인식함

05 관계기업의 재무제표

기업은 지분법을 적용할 때 가장 최근의 이용가능한 관계기업이나 공동기업의 재무제표를 사용해야 한다.

보고기간 종료일	① 기업의 보고기간 종료일과 관계기업이나 공동기업의 보고기간 종료일이 다른 경우, 관계기업이나 공동기업은 실무적으로 적용할 수 없는 경우가 아니면 기업의 사용을 위하여 기업의 재무제표와 동일한 보고기간 종료일의 재무제표를 작성함 ② 실무적으로 관계기업의 재무제표를 작성하기 어려운 경우에는 기업 재무제표의 보고기간 종료일과 관계기업이나 공동기업 재무제표의 보고기간 종료일 사이에 발생한 유의적인 거래나 사건의 영향을 반영함 ③ 어떠한 경우라도 기업의 보고기간 종료일과 관계기업이나 공동기업의 보고기간 종료일 간의 차이는 3개월 이내이어야 함
동일한 회계정책	유사한 상황에서 발생한 동일한 거래와 사건에 대하여 동일한 회계정책을 적용하여 기업의 재무제표를 작성함

Ⅱ | 지분법의 회계처리

01 기본적인 지분법의 회계처리

(1) 지분법의 의의

지분법(Equity Method)이란 투자자산을 최초에 원가로 인식하고, 취득시점 이후 발생한 피투자자의 순자산 변동액 중 투자자의 지분(몫)을 해당 투자자산에 가감하여 보고하는 회계처리방법을 말한다.

⚡POINT 기본적인 지분법의 적용

피투자자의 순자산변동		투자자의 몫	투자자의 회계처리
당기순손익	➡	피투자자의 당기순손익 변동 × 투자자의 지분율	지분법손익(NI) 인식
기타포괄손익	➡	피투자자의 기타포괄손익 변동 × 투자자의 지분율	지분법기타포괄손익(OCI) 인식
자본잉여금	➡	피투자자의 자본잉여금 변동 × 투자자의 지분율	지분법자본잉여금(자본) 인식
자본조정	➡	피투자자의 자본조정 변동 × 투자자의 지분율	지분법자본조정(자본) 인식
이익잉여금	➡	피투자자의 이익잉여금 변동 × 투자자의 지분율	지분법이익잉여금(자본) 인식

만약 피투자자가 배당금을 지급하였다면 피투자자가 배당금지급을 결의한 시점에서 지급받을 배당금만큼 피투자자의 순자산이 감소한 것이므로 관계기업투자의 장부금액을 감소시킨다. 왜냐하면 배당금을 지급한 만큼 피투자자의 순자산이 감소하기 때문이다. 그러나 주식배당의 경우에는 관계기업의 순자산이 변동되지 않으므로 추가적인 회계처리가 필요하지 않다. 피투자자의 순자산변동의 원천이 당기순손익과 기타포괄손익 및 현금배당으로만 구성될 경우 기본적인 회계처리를 예시하면 다음과 같다.

일자	회계처리			
취득 시	(차) 관계기업투자	×××	(대) 현금	×××
당기순이익 보고 시	(차) 관계기업투자	×××	(대) 지분법이익(NI)	×××[1]
기타포괄손익 보고 시	(차) 관계기업투자	×××	(대) 지분법기타포괄이익(OCI)	×××[2]
현금배당 수취 시	(차) 현금	×××[3]	(대) 관계기업투자	×××

---

1) 피투자자의 당기순손익 변동 × 투자자의 지분율
2) 피투자자의 기타포괄손익 변동 × 투자자의 지분율
3) 피투자자의 현금배당금 × 투자자의 지분율

(2) 지분법의 적용

피투자자의 순자산은 당기순손익과 기타포괄손익과 현금배당을 제외한 사유로도 변동될 수 있다. 또한 피투자자의 순자산의 장부금액과 공정가치가 일치하지 않은 경우도 발생할 수 있으며, 투자자와 피투자자 사이에 내부거래가 발생할 수 있다. 이러한 모든 상황에 따른 지분법의 구체적인 회계처리는 다음과 같다.

① 취득 시

(차) 관계기업투자	×××	(대) 현금	×××

② 당기순손익 보고 시

• 당기순이익 보고 시

(차) 관계기업투자	×××	(대) 지분법이익(NI)	×××[1]

[1] 피투자자의 당기순이익 변동 × 투자자의 지분율

• 당기순손실 보고 시

(차) 지분법손실(NI)	×××[1]	(대) 관계기업투자	×××

[1] 피투자자의 당기순손실 변동 × 투자자의 지분율

피투자자의 보고된 당기순이익	×××
투자차액의 상각	(×××)
피투자자의 상향 내부거래제거	(×××)
피투자자의 조정후 당기순이익	×××
투자자의 지분율	×%
① 피투자자의 조정후 당기순이익에 대한 지분	×××
② 투자자의 하향 내부거래제거 × 투자자의 지분율	(×××)
③ 염가매수차익	×××
지분법손익(① + ② + ③)	×××

③ 기타포괄손익 보고 시

• 기타포괄이익 보고 시

(차) 관계기업투자	×××	(대) 지분법기타포괄이익(OCI)	×××[1]

[1] 피투자자의 기타포괄이익 변동 × 투자자의 지분율

• 기타포괄손실 보고 시

(차) 지분법기타포괄손실(OCI)	×××[1]	(대) 관계기업투자	×××

[1] 피투자자의 기타포괄손실 변동 × 투자자의 지분율

④ 현금배당금 수취 시
- 배당금지급을 결의한 시점

(차) 미수배당금	×××	(대) 관계기업투자	×××

- 배당금 수취시점

(차) 현금	×××	(대) 미수배당금	×××

> ⊘ 참고 **현금배당금 수취 시 회계처리**
>
> 일반적으로 피투자자가 배당금지급을 결의한 시점과 투자자가 배당금을 수취하는 시점은 동일한 보고기간에 발생하는 경우가 대부분이다. 따라서 현금배당금 수취의 회계처리는 다음과 같이 배당금 수취시점에 일괄하여 회계처리한다.
>
> | (차) 현금 | ××× | (대) 관계기업투자 | ××× |
> |---|---|---|---|

⑤ 피투자자의 기타 순자산의 변동
- 자본잉여금의 변동

(차) 관계기업투자	×××	(대) 지분법자본잉여금(자본)	×××[1]

[1] 피투자자의 자본잉여금 변동 × 투자자의 지분율

- 자본조정의 변동

(차) 관계기업투자	×××	(대) 지분법자본조정(자본)	×××[1]

[1] 피투자자의 자본조정 변동 × 투자자의 지분율

- 이익잉여금의 변동

(차) 관계기업투자	×××	(대) 지분법이익잉여금(자본)	×××[1]

[1] 피투자자의 이익잉여금 변동 × 투자자의 지분율

> ⊘ 참고 **지분법 회계의 필요성**
>
> 수취한 분배액에 기초한 수익인식은 수취한 분배액이 관계기업이나 공동기업의 성과와 관련성이 거의 없을 수도 있기 때문에 관계기업이나 공동기업의 투자에 대한 투자자 수익의 적절한 측정치가 되지 않을 수도 있다. 투자자는 피투자자에 대하여 공동지배력이나 유의적인 영향력을 보유하기 때문에 관계기업이나 공동기업의 성과에 대한 지분을 가지며 따라서 그것은 투자자산의 수익이 된다. 투자자는 피투자자의 손익 중 자신의 지분(몫)이 포함되도록 자신의 재무제표의 범위를 확장시키는 방법으로 이러한 이해관계를 회계처리한다. 그 결과 지분법을 적용하면 투자자의 순자산과 당기순손익에 관하여 더 유익한 정보를 제공하며 보다 목적적합한 정보가 되기 때문이다.

일자	회계처리			
취득 시	(차) 관계기업투자	×××	(대) 현금	×××
당기순이익 보고 시	(차) 관계기업투자	×××	(대) 지분법이익(NI)	×××4)
기타포괄손익 보고 시	(차) 관계기업투자	×××	(대) 지분법기타포괄이익(OCI)	×××5)
현금배당 수취 시	(차) 현금	×××6)	(대) 관계기업투자	×××
기타 순자산의 변동	(차) 관계기업투자	×××7)	(대) 지분법자본잉여금(자본)	×××
			지분법자본조정(자본)	×××
			지분법이익잉여금(자본)	×××

02 투자차액

(1) 투자차액의 성격

관계기업투자의 취득시점에는 피투자자의 순자산장부금액에 대한 투자자의 지분(몫)과 투자자산의 취득원가가 일치하지 않는 경우가 일반적이다. 이러한 투자차액은 자산 및 부채의 장부금액과 공정가치의 차이 중 투자자의 지분과 영업권 또는 염가매수차익으로 구성된다.

> ① 투자차액 = 투자자산의 취득원가 - 피투자자의 순자산장부금액 × 투자자의 지분율
> ② 영업권 = 투자자산의 취득원가 - 피투자자의 순자산공정가치 × 투자자의 지분율
> ③ 염가매수차익 = 피투자자의 순자산공정가치 × 투자자의 지분율 - 투자자산의 취득원가

┌ 사례 ┐

예를 들어 20×1년 초에 A회사가 B회사의 의결권이 있는 보통주 30%를 ₩1,000에 취득하였는데, 20×1년 초의 B회사의 순자산 장부금액은 ₩2,000이고 순자산공정가치는 ₩3,000이었다. 상기 사례에서 자산 및 부채의 장부금액과 공정가치의 차이 중 투자자의 지분과 영업권을 구해 보면 다음과 같다.

구분	사례	투자차액
① 투자자산의 취득원가	① ₩1,000	영업권: ① - ② = ₩100
② 피투자자의 순자산공정가치 중 투자자의 지분	② ₩3,000 × 30% = ₩900	자산 및 부채의 장부금액과 공정가치의 차이 중 투자자의 지분: ② - ③ = ₩300
③ 피투자자의 순자산장부금액 중 투자자의 지분	③ ₩2,000 × 30% = ₩600	

---

4) 피투자자의 조정후 당기순이익에 대한 지분 + 투자자의 하향 내부거래제거 × 투자자의 지분율
5) 피투자자의 기타포괄손익 변동 × 투자자의 지분율
6) 피투자자의 현금배당금 × 투자자의 지분율
7) 피투자자의 기타 순자산의 변동 × 투자자의 지분율

만약 20×1년 초에 A회사가 B회사의 의결권이 있는 보통주 30%를 ₩800에 취득하였으며, 기타사항이 위와 동일한 경우에는 자산 및 부채의 장부금액과 공정가치의 차이 중 투자자의 지분과 염가매수차익을 구해 보면 다음과 같다.

구분	사례	투자차액
① 투자자산의 취득원가	① ₩800	
		염가매수차익: ① - ② = ₩(100)
② 피투자자의 순자산공정가치 중 투자자의 지분	② ₩3,000 × 30% = ₩900	
		자산 및 부채의 장부금액과 공정가치의 차이 중 투자자의 지분 : ② - ③ = ₩300
③ 피투자자의 순자산장부금액 중 투자자의 지분	③ ₩2,000 × 30% = ₩600	

(2) 투자차액의 회계처리

정의	투자차액은 자산 및 부채의 장부금액과 공정가치의 차이 중 투자자의 지분과 영업권 또는 염가매수차익으로 구성됨
회계처리	① 피투자자의 식별가능한 자산과 부채의 순공정가치 중 기업의 지분(몫)이 투자자산의 취득원가를 초과하는 부분(염가매수차익)은 투자자산을 취득한 회계기간의 관계기업이나 공동기업의 당기순손익 중 기업의 지분(몫)을 결정할 때 수익에 포함함 ② 영업권: 해당 투자자산의 장부금액에 포함됨. 영업권의 상각은 허용되지 않으며, 대신 매 보고기간마다 손상검사를 수행함 ③ 염가매수차익: 모든 취득자산과 인수부채를 정확하게 식별하였는지 재검토하고 재검토 이후의 잔액은 취득일에 그 차익을 당기손익으로 인식함

03 내부거래

정의	① 상향: 관계기업이나 공동기업이 투자자에게 자산을 매각하는 거래 ② 하향: 투자자가 그 관계기업이나 공동기업에게 자산을 매각하거나 출자하는 거래
회계처리	① 관계기업이나 공동기업 사이의 '상향'거래나 '하향'거래에서 발생한 손익에 대하여 기업은 그 관계기업이나 공동기업에 대한 지분과 무관한 손익까지만 기업의 재무제표에 인식함 ② 상향판매와 하향판매의 구분 없이 미실현이익이 발생한 경우에는 미실현이익에 투자자의 지분율을 곱한 금액만큼 발생한 연도의 지분법이익에서 차감하고, 미실현이익이 실현된 경우에는 실현이익에 투자자의 지분율을 곱한 금액만큼 실현된 연도의 지분법이익에 가산하여야 함
유의사항	① 하향거래가 매각대상 또는 출자대상 자산의 순실현가능가치의 감소나 그 자산에 대한 손상차손의 증거를 제공하는 경우: 투자자는 그러한 손실을 모두 인식함 ② 상향거래가 구입된 자산의 순실현가능가치의 감소나 그 자산에 대한 손상차손의 증거를 제공하는 경우: 투자자는 그러한 손실 중 자신의 지분(몫)을 인식함

[그림 4-2] 내부거래의 유형

하향거래	판매 투자자 ➡ 관계기업
상향거래	판매 관계기업 ➡ 투자자

> ⊘ **참고 하향판매의 미실현이익**
>
> 연결회계에서는 지배력을 보유하고 있기 때문에 하향판매의 미실현이익은 전액 이익조작이 가능한 것으로 보아 전액제거한다. 그러나 지분법에서는 하향판매의 미실현이익은 지배력을 보유하고 있지 않고 유의적인 영향력을 보유하고 있으므로 투자지분율만큼 이익조작이 가능한 것으로 보아 투자지분율만큼만 제거하는 것에 유의해야 한다.

04 관계기업투자의 검증

매 보고기간 말 관계기업투자의 잔액은 ① 피투자자의 순자산공정가치에 대한 지분에 ② 영업권을 가산하고 ③ 투자자의 하향거래로 인한 미실현손익에 투자자의 지분율을 곱한 금액을 합산한 금액이다.

피투자자 순자산장부금액	×××
투자차액 미상각잔액	×××
피투자자의 상향 내부거래 미실현손익 잔액	(×××)
피투자자의 순자산공정가치	×××
투자자의 지분율	×%
① 피투자자 순자산공정가치에 대한 지분	×××
② 영업권	×××
③ 투자자의 하향 내부거래 미실현손익 잔액 × 투자자의 지분율	(×××)
관계기업투자(① + ② + ③)	×××

05 지분법손익의 검증

매 보고기간 지분법손익은 ① 피투자자의 조정후 당기순이익에 대한 지분에 ② 투자자의 하향 내부거래로 인한 미실현손익과 실현손익 당기발생액에 투자자의 지분율을 곱한 금액에 ③ 염가매수차익이 발생한 경우에는 염가매수차익을 합산한 금액이다.

피투자자의 보고된 당기순이익	×××
투자차액의 상각	(×××)
피투자자의 상향 내부거래제거	(×××)
피투자자의 조정후 당기순이익	×××
투자자의 지분율	×%
① 피투자자의 조정후 당기순이익에 대한 지분	×××
② 투자자의 하향 내부거래제거 × 투자자의 지분율	(×××)
③ 염가매수차익	×××
지분법손익(① + ② + ③)	×××

06 지분법기타포괄손익의 검증

매 보고기간 지분법기타포괄손익은 피투자자의 보고된 기타포괄손익에 투자자의 지분율을 곱한 금액이다.

> 지분법기타포괄손익 = 피투자자의 보고된 기타포괄손익 × 투자자의 지분율

07 관계기업이나 공동기업 지분과의 교환으로 비화폐성자산을 출자하는 경우

(1) 일반적인 회계처리

관계기업이나 공동기업 지분과의 교환으로 관계기업이나 공동기업에 비화폐성자산을 출자하는 경우 상업적 실질이 있는지의 여부에 따라 다음과 같이 회계처리한다.

> ① 상업적 실질이 결여되어 있는 경우: 해당 손익은 미실현된 것으로 보며, 그 손익은 인식하지 않는다.
> ② 상업적 실질이 있는 경우: 비화폐성자산을 출자된 자산과 관련된 처분손익 중 투자자의 지분(몫)은 제거해야 한다.

상업적 실질이 있는 경우에 미실현손익은 지분법을 이용하여 회계처리하는 투자자산과 상쇄되어 제거되며, 기업의 연결재무상태표에 또는 투자자산을 지분법을 이용하여 회계처리한 기업의 재무상태표에 이연손익으로 표시하지 않는다. 비화폐성자산의 출자에 따른 미실현손익의 제거액은 다음과 같다.

> 비화폐성자산의 출자에 따른 미실현손익의 제거액 = 자산의 처분손익 × 투자자의 지분율

(2) 추가로 화폐성이나 비화폐성자산을 수취하는 경우

관계기업이나 공동기업의 지분을 수령하면서 추가로 화폐성이나 비화폐성자산을 수취하는 경우, 기업은 수령한 화폐성이나 비화폐성자산과 관련하여 비화폐성 출자에 대한 손익의 해당 부분을 당기손익으로 모두 인식한다. 여기서 투자자가 비화폐성자산을 출자하여 관계기업 지분을 취득하였을 때 추가로 화폐성이나 비화폐성자산을 수취한 부분은 미실현손익이 아니라 실현손익으로 간주하고 지분법손익 계산 시 제거하면 안 된다. 이러한 비화폐성자산의 출자에 따른 미실현손익의 제거액은 다음과 같다.

비화폐성자산의 출자에 따른 미실현손익의 제거액

$$= \text{자산의 처분손익} \times \frac{\text{지분가치}}{\text{비화폐성자산의 출자의 공정가치}} \times \text{투자자의 지분율}$$

⚡POINT 관계기업이나 공동기업 지분과의 교환으로 비화폐성자산을 출자하는 경우

일반적인 경우	상업적 실질이 결여되어 있는 경우	해당 손익은 미실현된 것으로 보며, 그 손익은 인식하지 않음
	상업적 실질이 있는 경우	비화폐성자산을 출자된 자산과 관련된 처분손익 중 투자자의 지분(몫)은 제거함
추가로 화폐성이나 비화폐성자산을 수취하는 경우		기업은 수령한 화폐성이나 비화폐성자산과 관련하여 비화폐성 출자에 대한 손익의 해당 부분을 당기손익으로 모두 인식함

Ⅲ | 지분법의 특수주제

01 단계적 취득

정의	취득일 직전에 지분을 보유하고 있던 피취득자에 대한 유의적인 영향력을 획득하는 거래
이전대가의 측정	단계적 취득의 관계기업투자의 취득원가: ① + ② ① 투자자가 이전에 보유하고 있던 피투자자에 대한 지분의 공정가치 ② 추가로 취득한 지분의 취득원가
회계처리	① 투자자는 이전에 보유하고 있던 피취득자에 대한 지분을 유의적인 영향력을 행사하는 시점의 공정가치로 재측정하고 그 결과 차손익이 있다면 당기손익 또는 기타포괄손익으로 인식 ② 기존 피투자자 지분의 가치변동을 기타포괄손익으로 인식한 금액은 유의적인 영향력을 획득하는 시점에 후속적으로 당기손익으로 재분류하지 않음

[그림 4-3] 단계적 취득

> **📝 저자 견해 단계적 취득의 일괄법의 적용**
>
> 단계적으로 유의적인 영향력을 획득하는 단계적 취득에 대해서 K-IFRS 제1028호 '관계기업과 공동기업에 대한 투자'에서는 아무런 언급이 없다. 따라서 단계적 취득에 '단계법' 또는 '일괄법'을 선택적으로 적용할 수 있다는 견해가 있을 수 있다. K-IFRS 제1028호 문단 26에 의하면 지분법을 적용하는 데 적합한 절차의 많은 부분이 기업회계기준서 제1110호 '연결재무제표'에서 규정한 연결절차와 유사하며, 특히 종속기업을 취득할 때 사용한 회계처리 절차의 기본 개념은 관계기업이나 공동기업에 대한 투자의 취득 시 회계처리에도 적용한다고 규정하고 있다. 또한 한국채택국제회계기준에 언급이 없는 회계처리는 일반기업회계기준을 참조하여 회계처리하는 것이 합리적일 것이며, 일반기업회계기준에서는 유의적인 영향력을 획득하는 단계적 취득에 대해 일괄법을 적용하도록 하고 있다. 따라서 유의적인 영향력을 획득하는 단계적 취득에 대해서 일괄법을 적용하는 것이 합리적이라고 판단되어 회계처리를 제시하였다.

02 유의적인 영향력을 획득 후 추가취득

투자자가 관계기업에 대하여 유의적인 영향력을 획득한 이후에 추가로 주식을 취득한 경우에는 추가취득으로 발생하는 투자제거차액은 추가취득일을 기준으로 영업권에 반영한다. 즉, 단계법을 적용하여야 한다. 또한, 투자자가 관계기업에 대하여 유의적인 영향력을 획득한 이후에 추가로 주식을 취득하여 지배력을 획득한 경우에는 연결재무제표를 작성하여야 하며, 공동지배력을 획득한 경우에는 계속하여 지분법을 적용한다.

03 지분법 적용의 중지와 재개

지분법 적용의 중지	관계기업이나 공동기업의 손실 중 기업의 지분이 관계기업이나 공동기업에 대한 투자지분과 같거나 초과하는 경우, **기업은 관계기업 투자지분 이상의 손실에 대하여 인식을 중지함**
관계기업에 대한 순투자의 일부를 구성하는 장기투자지분	투자자가 관계기업이나 공동기업에 대한 순투자의 일부를 구성하는 장기투자지분 항목을 보유하고 있으면, 장기투자지분 금액까지는 지분법손실을 추가로 인식해야 **함**
추가손실분에 대해 의무가 있거나 대신 지급해야 하는 경우	기업의 지분이 '영(₩0)'으로 감소된 이후 추가 손실분에 대하여 기업은 법적의무 또는 의제의무가 있거나 관계기업이나 공동기업을 대신하여 지급하여야 하는 경우, 그 금액까지만 손실과 부채로 인식함
지분법 적용의 재개	관계기업이나 공동기업이 추후에 이익을 보고할 경우 투자자는 자신의 지분에 해당하는 이익의 인식을 재개하되, 인식하지 못한 손실을 초과한 금액만을 이익으로 인식함

> ✍ **저자 견해 지분법 적용을 중지하는 이유**
> 관계기업투자의 장부금액이 영(₩0) 이하가 되는 경우를 인정하지 않고 지분법 적용을 중지하는 이유는 주식회사의 주주는 무한책임을 부담하지 아니하고 투자금액을 한도로 유한책임만을 부담하기 때문이다. 즉, 부채가 자산을 초과하는 자본잠식이 발생하더라도 주주는 추가로 손실을 부담할 필요가 없다. 또한 자산과 부채계정은 음(-)의 부호가 될 수 없으며, 자본계정만 음(-)의 부호가 될 수 있다. 관계기업투자는 자산계정이므로 금액은 영(₩0) 이상이어야 하며, 연결회계의 비지배지분은 자본계정이므로 비지배지분 초과손실을 음(-)의 부호로 인식하는 것과 구별되어야 한다.

04 관계기업투자의 처분

투자자가 관계기업투자의 일부 또는 전부를 처분하는 경우에는 처분금액에서 관계기업투자의 장부금액을 차감한 금액을 금융자산처분손익으로 먼저 인식한다. 추가로 관계기업투자와 관련하여 기타포괄손익으로 인식한 금액(기타포괄손익누계액)에 대하여 기업은 피투자자가 관련 자산이나 부채를 직접 처분한 경우의 회계처리와 동일한 기준으로 회계처리한다. 즉, 관계기업이 기타포괄손익누계액을 관련 자산이나 부채의 처분 시 당기손익으로 재분류되는 항목(예 해외사업환산손익)이라면 투자자는 이와 동일한 기준으로 지분법기타포괄손익을 당기손익으로 재분류한다. 반면에 관계기업이 기타포괄손익누계액을 관련 자산이나 부채의 처분 시 당기손익으로 재분류되지 않는 항목(예 재평가잉여금)이라면 투자자는 이와 동일한 기준으로 지분법기타포괄손익을 당기손익으로 재분류하지 않는다.

⊘참고 **후속적으로 당기손익으로 재분류되는 항목과 재분류되지 않은 항목**

구분	항목
후속적으로 당기손익으로 재분류되는 항목	① 기타포괄손익공정가치측정금융자산평가손익(채무상품) ② 해외사업환산손익 ③ 파생상품평가손익(현금흐름위험회피에서 위험회피대상이 비금융자산이나 비금융부채가 아닌 경우에 발생하는 평가손익 중 효과적인 부분) ④ 관계기업 및 공동기업의 재분류되는 지분법기타포괄손익
후속적으로 당기손익으로 재분류되지 않은 항목	① 재평가잉여금 ② 당기손익공정가치측정금융부채의 신용위험 변동으로 인한 공정가치 변동금액 ③ 기타포괄손익공정가치측정금융자산평가손익(지분상품) ④ 확정급여제도의 재측정요소 ⑤ 파생상품평가손익 　(현금흐름위험회피에서 위험회피대상이 비금융자산이나 비금융부채인 경우) ⑥ 관계기업 및 공동기업의 재분류되지 않은 지분법기타포괄손익

투자자가 관계기업투자를 처분할 때에는 유의적인 영향력을 유지하는 경우와 유의적인 영향력을 상실하는 경우로 구분할 수 있다.

(1) 유의적인 영향력을 유지하는 경우

① 투자자가 관계기업투자의 일부를 처분하여 유의적인 영향력을 유지하는 경우 처분금액에서 관계기업투자의 장부금액을 차감한 금액을 금융자산처분손익으로 먼저 인식한다.

② 관계기업이나 공동기업에 대한 투자자의 소유지분이 감소하지만 그 투자자산이 각각 관계기업 또는 공동기업에 대한 투자로 계속 분류된다면, 투자자는 이전에 기타포괄손익으로 인식했던 손익이 관련 자산이나 부채의 처분에 따라 당기손익으로 재분류되는 경우라면, 지분법기타포괄손익 중 소유지분의 감소와 관련된 비례적 부분을 당기손익으로 재분류한다.

③ 처분되지 않은 지분에 대해서는 지분법을 계속 적용하면 된다.

(2) 유의적인 영향력을 상실하는 경우

① 투자자가 관계기업투자의 일부를 처분하여 유의적인 영향력을 상실하는 경우 처분금액에서 관계기업투자의 장부금액을 차감한 금액을 금융자산처분손익으로 먼저 인식한다.

② 투자자는 이전에 기타포괄손익으로 인식했던 손익이 관련 자산이나 부채의 처분에 따라 당기손익으로 재분류되는 경우라면, 지분법기타포괄손익 전액을 당기손익으로 재분류한다.

③ 처분되지 않은 지분이 금융자산인 경우, 투자자는 잔여 보유 지분을 공정가치로 측정하여 잔여 보유 지분의 공정가치와 장부금액의 차이를 당기손익으로 인식한다.

구분	유의적인 영향력을 유지하는 경우	유의적인 영향력을 상실하는 경우
처분지분	① 금융자산처분손익 = 처분금액 - 장부금액	① 금융자산처분손익 = 처분금액 - 장부금액
지분법기타포괄손익 (재분류조정이 가능한 경우)	② 지분법기타포괄손익으로 인식한 금액 중 비례적 금액만을 당기손익으로 재분류함	② 지분법기타포괄손익으로 전액을 당기손익 으로 재분류함
보유지분	③ 지분법을 계속 적용함	③ 금융자산처분손익 = 공정가치 - 장부금액
당기손익 영향	① + ②	① + ② + ③

05 관계기업투자의 손상

영업권의 손상검사와 배분	① 관계기업투자에 대한 장부금액에 포함된 영업권은 분리하여 인식하지 않으므로 별도로 손 상검사를 하지 않음 ② 관계기업에 대한 투자지분에 대하여 인식된 손상차손은 관계기업에 대한 투자자산을 구성 하는 어떠한 자산(영업권 포함)에도 배분하지 않음
손상차손	① 손상차손 = 장부금액 - 회수가능액 ② 회수가능액 = Max[순공정가치, 사용가치] ③ 순공정가치 = 공정가치 - 처분부대원가 ④ 사용가치 = a or b 　a. 추정 미래현금흐름의 현재가치 × 투자자의 지분율 + 최종 처분금액의 현재가치 　b. 배당으로 기대되는 추정 미래현금흐름의 현재가치 + 최종 처분금액의 현재가치
손상차손환입	손상차손환입 = 회수가능액 - 장부금액(한도: 손상되지 않았을 경우의 장부금액)

✍ 저자 견해 **손상차손환입의 한도**

관계기업투자의 회수가능액이 회복된 경우에 손상차손환입의 한도에 대해서 K-IFRS 제1028호 '관계기업과 공동기업에 대한 투자'에서는 아무런 언급이 없다. 단, 이 손상차손의 모든 환입은 K-IFRS 제1036호 '자산손상'에 따라 이러한 순투자자산의 회수가능액이 후속적으로 증가하는 만큼 인식한다는 규정이 있다. 따라서 자산손상에 규정을 준용한다면 손상차손의 한도는 손상되지 않았을 경우의 장부금액을 초과하지 않도록 하는 것이 K-IFRS의 규정을 준수한 회계처리가 될 것이다.

⊘ 참고 **관계기업이나 공동기업에 대한 투자의 회수가능액**

관계기업이나 공동기업에 대한 투자의 회수가능액은 각 관계기업이나 공동기업별로 평가하여야 한다. 다만, 관계기업이나 공동기업이 창출하는 현금유입이 그 기업의 다른 자산에서 창출되는 현금흐름과 거의 독립적으로 구별되지 않는 경우에는 그러하지 아니한다.

06 관계기업투자를 매각예정으로 분류

매각예정 분류기준을 충족하는 경우	관계기업투자를 매각예정비유동자산은 계정대체하고, 매각예정으로 분류한 시점의 장부금액과 순공정가치 중 작은 금액으로 측정하고 순공정가치의 하락을 손상차손으 로 인식함
일부만 매각예정으로 분류될 경우 잔여 보유분	매각예정으로 분류된 부분이 매각될 때까지 지분법을 적용하여 회계처리함
매각 이후 잔여 보유분	매각 이후 잔여 보유 지분이 계속해서 관계기업이나 공동기업에 해당하여 지분법이 적용되는 경우가 아니라면, 잔여 보유 지분에 대하여 K-IFRS 제1109호 '금융상품' 에 따라 회계처리함
유의사항	이전에 매각예정으로 분류된 관계기업이나 공동기업에 대한 투자 또는 그 투자의 일부가 더 이상 그 분류기준을 충족하지 않는다면 당초 매각예정으로 분류되었던 시 점부터 소급하여 지분법으로 회계처리함

> ⊘참고 **매각예정으로 분류된 부분이 매각될 때까지 지분법을 적용하는 이유**
>
> 일부 처분의 경우 매각예정으로 분류된 그 부분이 최종적으로 처분될 때까지 공동기업 또는 관계기업에 대한 잔여 보유
> 지분에 대하여 지분법 사용을 유지하여야 한다고 규정하고 있다. 그 이유는 기업이 관계기업이나 공동기업에 대한 일부
> 지분을 처분할 의도가 있음에도 불구하고 실제로 처분할 때까지는 피투자자에 대하여 유의적인 영향력이나 공동지배력을
> 보유하고 있기 때문이다.

07 관계기업이 우선주를 발행한 경우

K-IFRS 제1028호 '관계기업과 공동기업에 대한 투자' 문단 37에서는 관계기업이나 공동기업이 자본으
로 분류되는 누적적우선주를 발행하였고 이를 기업 이외의 다른 측이 소유하고 있는 경우, 기업은 배당결의
여부에 관계없이 이러한 주식의 배당금에 대하여 조정한 후 당기순손익에 대한 자신의 지분(몫)을 산정한다고
규정하고 있다. 따라서 보통주에 대한 지분법이익은 피투자자의 당기순이익에서 배당결의 여부에 관계없이
누적적우선주배당금을 차감하여 보통주에 귀속될 당기순이익을 산정한 후 투자자의 보통주 지분율을 곱하
여 지분법이익을 인식하여야 한다.

Ⅳ | 공동약정

01 공동약정의 의의

공동약정의 정의	공동약정은 둘 이상의 당사자들이 공동지배력을 보유하는 약정
공동약정의 구분	약정 당사자들의 권리와 의무에 따라 공동영업 or 공동기업으로 분류됨
공동약정의 특징	① 당사자들이 계약상 약정에 구속됨 ② 계약상 약정은 둘 이상의 당사자들에게 약정의 공동지배력을 부여함
공동지배력	약정의 지배력에 대한 합의된 공유인데, 관련 활동에 대한 결정에 지배력을 공유하는 당사자들 전체의 동의가 요구될 때에만 존재함
계약상 약정	계약상 약정은 여러 가지 방법으로 나타낼 수 있음. 강제할 수 있는 계약상 약정은 일반적으로 당사자들 간에 계약이나 회의록 방식으로 문서화됨

> ⊘ **참고 공동지배력**
> 약정의 당사자인 기업은 계약상 약정이 모든 당사자들 또는 일부 당사자들집단에게 약정의 지배력을 집합적으로 부여하는지 평가해야 한다. 모든 당사자들 또는 일부 당사자들집단은, 약정의 이익에 유의적인 영향을 미치는 활동(즉, 관련활동)을 지시하기 위하여 항상 함께 행동하여야 할 때, 그 약정을 집합적으로 지배한다고 볼 수 있다.
> ① 모든 당사자들 또는 일부 당사자들집단이 약정을 집합적으로 지배한다고 결정되면, 공동지배력은 관련활동에 대한 결정에 그 약정을 집합적으로 지배하는 당사자들 전체의 동의가 요구되는 경우에만 존재한다.
> ② 공동약정에서, 단일의 당사자는 그 약정을 단독으로 지배할 수 없다. 약정의 공동지배력을 보유하는 한 당사자는 다른 당사자들이나 일부 당사자들집단이 약정을 지배하는 것을 방해할 수 있다.
> ③ 약정의 모든 당사자들이 약정의 공동지배력을 보유하지 않더라도 그 약정은 공동약정이 될 수 있다. 따라서 공동약정의 공동지배력을 보유하는 당사자들(공동영업자들 또는 공동기업 참여자들)과 공동약정에는 참여하지만 공동지배력을 보유하지 않는 당사자들로 구분된다.

02 공동약정의 유형

공동영업	약정의 공동지배력을 보유하는 당사자들이 약정의 자산에 대한 권리와 부채에 대한 의무를 보유하는 공동약정을 말함
공동기업	약정의 공동지배력을 보유하는 당사자들이 약정의 순자산에 대한 권리를 보유하는 공동약정을 말함

03 공동약정의 구조

공동약정의 분류 시 평가할 사항	(1) 공동약정의 구조 (2) 공동약정이 별도기구로 구조화되는 경우 　① 별도기구의 법적 형식 　② 계약상 약정의 조건 　③ 관련이 있다면, 그 밖의 사실과 상황
별도기구로 구조화되지 않은 공동약정	별도기구로 구조화되지 않은 공동약정은 공동영업임
별도기구로 구조화된 공동약정	약정의 자산과 부채를 별도기구에서 보유하도록 하는 공동약정은 공동기업이나 공동영업이 될 수 있음

04 공동영업 당사자들의 재무제표

공동영업자	공동영업자는 공동영업에 대한 자신의 지분과 관련하여 다음을 인식함 ① 자신의 자산: 공동으로 보유하는 자산 중 자신의 몫을 포함한다. ② 자신의 부채: 공동으로 발생한 부채 중 자신의 몫을 포함한다. ③ 자신의 수익: 공동영업에서 발생한 산출물 중 자신의 몫의 판매 수익 ④ 자신의 수익: 공동영업의 산출물 판매 수익 중 자신의 몫 ⑤ 자신의 비용: 공동으로 발생한 비용 중 자신의 몫을 포함한다.
공동영업에 자산의 판매 또는 출자 시 회계처리	① 공동영업자인 기업이 공동영업에 자산을 판매하거나 출자하는 것과 같은 거래를 하는 경우에는 공동영업자는 거래의 결과인 손익을 다른 당사자들의 지분 한도까지만 인식함 ② 공동영업자인 기업이 공동영업에 자산을 판매하거나 출자하는 것과 같은 거래가 공동영업에 판매되거나 출자되는 자산의 순실현가능가치 감소 또는 그러한 자산의 손상차손의 증거를 제공하는 경우, 공동영업자는 그러한 손실을 전부 인식함
공동영업으로부터 자산을 구매한 경우의 회계처리	① 공동영업자인 기업이 공동영업과 자산의 구매와 같은 거래를 하는 경우, 기업은 자산을 제3자에게 재판매하기 전까지는 손익에 대한 자신의 지분(몫)을 인식하지 않음 ② 공동영업자인 기업이 공동영업과 자산의 구매와 같은 거래가 공동영업으로 구매되는 자산의 순실현가능가치 감소 또는 그러한 자산의 손상차손의 증거를 제공하는 경우, 공동영업자는 그러한 손실에 대한 자신의 지분(몫)을 인식함

05 공동기업 참여자들의 재무제표

공동기업 참여자	공동기업 참여자는 공동기업에 대한 자신의 지분을 투자자산으로 인식하며, 그 투자자산은 지분법으로 회계처리함
공동기업에 참여는 하지만 공동지배력을 보유하지 않는 당사자	K-IFRS 제1109호 '금융상품'에 따라 약정에 대한 자신의 지분을 회계처리함

해커스 IFRS 김원종 POINT 고급회계

회계사·세무사·경영지도사 단번에 합격!
해커스 경영아카데미 cpa.Hackers.com

Chapter 05

환율변동효과

Ⅰ   환율변동효과의 일반론

Ⅱ   기능통화에 의한 외화거래의 보고

Ⅲ   기능통화가 아닌 표시통화의 사용

Ⅳ   해외사업장 외화환산의 기타주제

보론 1   투자외화사채의 외화환산

I | 환율변동효과의 일반론

01 환율변동효과의 의의

K-IFRS 제1021호 '환율변동효과'에서는 기업 외화거래나 해외사업장의 운영과 같은 방법으로 외화관련 활동을 수행하거나 재무제표를 외화로 표시하는 경우에 외화거래와 해외사업장의 운영을 재무제표에 반영하는 방법과 재무제표를 표시통화로 환산하는 방법을 규정하고 있다. 본 장에서 다루게 될 주요한 내용과 K-IFRS 제1021호 '환율변동효과'의 적용범위는 다음과 같다.

> (1) 외화거래와 외화잔액의 회계처리
> (2) 연결재무제표 또는 지분법을 적용하여 작성하는 재무제표에 포함되는 해외사업장의 경영성과와 재무상태의 환산
> (3) 기업의 경영성과와 재무상태를 표시통화로 환산

02 환율

환율의 정의	서로 다른 두 통화 사이의 교환비율
표시방법에 의한 분류	① 직접환율: 외국통화를 기준으로 하여 자국통화를 표시하는 방법 ② 간접환율: 자국통화를 기준으로 하여 외국통화를 표시하는 방법
거래 형태에 의한 분류	① 매매기준율 or 기준환율: 최근 거래일의 외국환중개회사를 통하여 거래가 이루어진 미화의 현물환매매 중 결제거래에서 형성되는 율과 그 거래량을 가중 평균하여 산출되는 시장평균환율 ② 재정환율: 최근 주요 국제금융시장에서 형성된 미화 이외의 통화와 미화와의 매매중간율을 재정평균환율로 재정한 율
거래 시점에 따른 분류	① 현물환율: 즉시 인도가 이루어지는 거래에서 사용하는 환율 ② 선도환율: 미래의 특정 시점에 외환을 주고받는 선물환거래에 적용되는 환율
외화환산과 관련된 환율	① 역사적환율: 특정 외환거래나 사건이 발생한 당시의 현물환율 ② 평균환율: 일정기간의 환율을 평균하여 산출한 환율 ③ 마감환율: 보고기간 말의 현물환율

03 통화

통화의 정의	① 기능통화: 영업활동이 이루어지는 주된 경제 환경의 통화 ② 외화: 기능통화 이외의 다른 통화 ③ 표시통화: 재무제표를 표시할 때 사용하는 통화
기능통화 결정 시 고려사항	[주요지표] ① 재화와 용역의 공급가격에 주로 영향을 미치는 통화 ② 재화와 용역의 공급가격을 주로 결정하는 경쟁요인과 법규가 있는 국가의 통화 ③ 재화를 공급하거나 용역을 제공하는 데 드는 노무원가, 재료원가와 그 밖의 원가에 주로 영향을 미치는 통화 [보조지표] ① 재무활동으로 조달되는 통화 ② 영업활동에서 유입되어 통상적으로 보유하는 통화
기능통화의 변경	① 기능통화는 그와 관련된 실제 거래, 사건과 상황을 반영하므로 일단 기능통화를 결정하면 변경하지 아니함 ② 실제 거래, 사건과 상황에 변화가 있다면 기능통화를 변경할 수 있는데, 기능통화가 변경되는 경우에는 새로운 기능통화에 의한 환산절차를 변경한 날부터 전진적용
표시통화	재무제표는 어떠한 통화로도 보고할 수 있으며, 표시통화와 기능통화가 다른 경우에는 경영성과와 재무상태를 표시통화로 환산

04 외화환산의 기본개념

(1) 화폐성항목과 비화폐성항목

구분	화폐성항목	비화폐성항목
정의	확정되었거나 결정가능할 수 있는 화폐단위의 수량으로 받을 권리나 지급할 의무가 있는 항목	확정되었거나 결정가능할 수 있는 화폐단위의 수량으로 받을 권리나 지급할 의무가 없는 항목
자산	① 현금및현금성자산 ② 수취채권: 매출채권, 미수금, 대여금 ③ 미수수익 ④ 투자채무상품: 상각후원가측정금융자산	① 실물자산: 재고자산, 유형자산, 무형자산 ② 선급금, 선급비용 ③ 투자지분상품: 당기손익공정가치측정금융자산, 기타포괄손익공정가치측정금융자산 ④ 영업권
부채	① 지급채무: 매입채무, 미지급금, 차입금 ② 미지급비용 ③ 사채 ④ 현금으로 상환하는 충당부채 ⑤ 미지급배당금	① 선수금, 선수수익 ② 비화폐성자산의 인도에 의해 상환되는 충당부채

(2) 외화환산의 방법

K-IFRS	① 기능통화에 의한 외화거래를 보고: 화폐성 · 비화폐성법 + 시제법 ② 기능통화가 아닌 표시통화를 사용하는 경우: 현행환율법
화폐성 · 비화폐성법	계정항목을 화폐성항목과 비화폐성항목으로 구분하여 환산할 환율을 결정하는 방법 ① 화폐성항목: 보고기간 말의 현행환율 ② 비화폐성항목: 역사적환율
현행환율법	① 모든 자산 · 부채: 보고기간 말의 현행환율 ② 자본: 역사적환율 ③ 수익 · 비용: 거래일의 환율(적용할 수 없으면 평균환율)
시제법	재무제표를 작성할 당시에 각 항목들이 갖고 있었던 회계상의 속성이 그대로 유지될 수 있도록 환산환율을 결정하는 방법 ① 공정가치를 기준으로 원가를 산정한 항목: 공정가치가 측정된 날의 현행환율 ② 역사적원가를 기준으로 원가를 산정한 항목: 역사적환율

Ⅱ | 기능통화에 의한 외화거래의 보고

01 최초인식

기능통화로 외화거래를 최초로 인식하는 경우에 거래일의 외화와 기능통화 사이의 현물환율을 외화금액에 적용하여 기록한다. 거래일은 K-IFRS에 따라 거래의 인식요건을 최초로 충족하는 날이다. 실무적으로는 거래일의 실제 환율에 근접한 환율을 자주 사용한다. 예를 들어, 일주일이나 한 달 동안 발생하는 모든 외화 거래에 대하여 해당 기간의 평균환율을 사용할 수 있다. 그러나 환율이 유의적으로 변동된 경우에 해당 기간의 평균환율을 사용하는 것은 부적절하다.

02 후속측정

(1) 후속 보고기간 말의 보고

매 보고기간 말의 외화환산방법은 다음과 같다.

> ① 화폐성 외화항목: 마감환율로 환산한다.
> ② 역사적원가로 측정하는 비화폐성 외화항목: 거래일의 환율로 환산한다.
> ③ 공정가치로 측정하는 비화폐성 외화항목: 공정가치가 측정된 날의 환율로 환산한다.

둘 이상의 금액을 비교하여 장부금액이 결정되는 항목이 있다. 예를 들어, 재고자산의 장부금액은 K-IFRS 제1002호 '재고자산'에 따라 취득원가와 순실현가능가치 중에서 작은 금액으로 한다. 또 손상을 시사하는 징후가 있는 자산의 장부금액은 K-IFRS 제1036호 '자산손상'에 따라 잠재적 손상차손을 고려하기 전 장부금액과 회수가능액 중 작은 금액으로 한다. 이러한 자산이 비화폐성항목이고 외화로 측정되는 경우에는 다음의 두 가지를 비교하여 장부금액을 결정한다.

> ① 그 금액이 결정된 날의 환율(즉, 역사적원가로 측정한 항목의 경우 거래일의 환율)로 적절하게 환산한 취득 원가나 장부금액
> ② 그 가치가 결정된 날의 환율(예 보고기간 말의 마감환율)로 적절하게 환산한 순실현가능가치나 회수가능액

위 ①과 ②를 비교하는 경우 기능통화를 기준으로 할 때는 손상차손을 인식하나 외화를 기준으로 할 때는 손상차손을 인식하지 않을 수 있으며 반대의 경우도 나타날 수 있다.

(2) 외환차이의 인식

① 화폐성항목의 결제시점에 생기는 외환차이 또는 화폐성항목의 환산에 사용한 환율이 회계기간 중 최초로 인식한 시점이나 전기의 재무제표 환산시점의 환율과 다르기 때문에 생기는 외환차이는 그 외환차이가 발생하는 회계기간의 당기손익으로 인식한다.

② 역사적원가로 측정하는 비화폐성 외화항목은 거래일의 환율(역사적환율)로 후속측정하므로 외환차이가 발생하지 아니한다.

③ 공정가치로 측정하는 비화폐성항목은 공정가치가 측정된 날의 환율로 후속측정하므로 외환차이가 발생한다. 여기서 비화폐성항목에서 생긴 손익을 기타포괄손익으로 인식하는 경우에 그 손익에 포함된 환율변동효과도 기타포괄손익으로 인식한다. 그러나 비화폐성항목에서 생긴 손익을 당기손익으로 인식하는 경우에는 그 손익에 포함된 환율변동효과도 당기손익으로 인식한다.

> ⊘ 참고 **외환차이**
> 외환차이란 특정 통화로 표시된 금액을 변동된 환율을 사용하여 다른 통화로 환산할 때 생기는 차이를 말한다.

⚡ POINT 기능통화에 의한 외화거래의 보고

구분		최초인식	후속측정	외환차이의 인식
화폐성항목		거래발생일의 환율	마감환율	당기손익
비화폐성 항목	역사적원가로 측정		거래일의 환율(역사적환율)	외환차이가 발생하지 아니함
	공정가치로 측정		공정가치가 측정된 날의 환율	당기손익 또는 기타포괄손익

(3) 기능통화의 변경

기능통화의 변경	일단 기능통화가 결정되면 이러한 실제 거래, 사건과 상황에 변화가 일어난 경우에만 기능통화를 변경할 수 있음
회계처리	기능통화의 변경에 따른 효과는 전진적용하여 회계처리 ① 기능통화가 변경된 날의 환율을 사용하여 모든 항목을 새로운 기능통화로 환산 ② 비화폐성항목의 경우에는 새로운 기능통화로 환산한 금액이 역사적원가가 됨

> ⊘ 참고 **기능통화의 변경과 표시통화의 변경**
> K-IFRS에서는 회계변경에 대하여 K-IFRS 제1008호 '회계정책, 회계추정치 변경과 오류'에 따라 회계처리하여야 한다. 기능통화의 변경은 회계추정치의 변경으로 간주하므로 기능통화의 변경에 따른 효과를 전진적용하여 회계처리한다. 그러나 표시통화의 변경은 회계정책을 변경한 것이므로 회계정책의 변경에 해당하기 때문에 소급적용해야 한다.

03 외화사채의 환산

외화사채가 발행된 통화와 기능통화가 다르다면 기능통화에 의하여 재무제표를 작성하기 위하여 외화환산의 회계처리를 수행하여야 한다. 외화사채의 회계처리는 다음과 같이 수행하여야 한다.

① 발행시점: 외화사채가 발행된 경우에는 발행시점에 사채발행일의 환율로 환산한다.
② 상각표: 유효이자율법에 의한 상각표를 외화기준으로 작성한다.
③ 결산시점: 외화기준으로 회계처리를 수행한 후 외화환산 절차를 수행한다. 당기 이자비용은 평균환율로 환산하며, 현금지급 이자부분은 이자지급일의 환율을 적용한다. 마지막으로 외화사채의 장부금액은 보고기간 말 현재의 환율로 환산하며, 대차차액인 환율변동효과는 당기손익으로 인식한다.

Ⅲ | 기능통화가 아닌 표시통화의 사용

표시통화는 재무제표를 표시할 때 사용하는 통화를 말한다. 재무제표는 어떠한 통화로도 보고할 수 있는데, 표시통화와 기능통화가 다른 경우에는 경영성과와 재무상태를 표시통화로 환산한다. 예를 들어, 서로 다른 기능통화를 사용하는 개별기업으로 구성되는 연결실체는 연결재무제표를 작성하기 위하여 각 기업의 경영성과와 재무상태를 같은 통화로 표시한다.

기능통화와 표시통화가 다른 상황은 두 가지 원인에서 발생할 수 있다. 첫 번째 원인은 한 보고기업의 기능통화와 표시통화가 상이한 경우이다. 이러한 상황에서는 보고기업은 기능통화로 작성된 재무제표를 표시통화로 환산해야 한다. 두 번째 원인은 보고기업의 표시통화와 보고기업이 투자한 해외사업장의 기능통화가 다른 경우이다. 이러한 상황에서는 해외사업장의 기능통화로 작성된 재무제표를 보고기업의 표시통화로 환산한 후에 연결재무제표를 작성하거나 지분법을 적용해야 한다.

01 표시통화로 환산

기능통화가 초인플레이션 경제의 통화가 아닌 경우 경영성과와 재무상태를 기능통화와 다른 표시통화로 환산하는 방법은 다음과 같다.

> (1) 재무상태표
>   ① 자산과 부채: 해당 보고기간 말의 마감환율로 환산
>   ② 자본: 역사적환율(거래발생일의 환율)
> (2) 포괄손익계산서의 수익과 비용: 해당 거래일의 환율로 환산 또는 해당 기간의 평균환율
> (3) 위 (1)과 (2)의 환산에서 생기는 외환차이: 기타포괄손익으로 인식

실무적으로 수익과 비용항목을 환산할 때 거래일의 환율에 근접한 환율(예 해당 기간의 평균환율)을 자주 사용한다. 그러나 환율이 유의적으로 변동한 경우에는 일정기간의 평균환율을 사용하는 것은 부적절하다. 위에서 언급한 외환차이의 발생원인은 다음과 같다.

> ① 수익과 비용은 해당 거래일의 환율로 환산하고 자산과 부채는 마감환율로 환산한다.
> ② 순자산의 기초 잔액을 전기의 마감환율과 다른 마감환율로 환산한다.

재무상태표	① 자산과 부채: 해당 보고기간 말의 마감환율로 환산 ② 자본: 역사적환율(거래발생일의 환율)
포괄손익계산서	수익과 비용: 해당 거래일의 환율로 환산하거나 실무적으로 해당 기간의 평균환율 적용
해외사업환산손익	재무상태표와 포괄손익계산서에서 발생하는 외환차이를 기타포괄손익으로 인식

[그림 5-1] 표시통화로 환산

1. 해외사업환산이익이 발생한 경우

재무상태표

자산	마감환율	부채	마감환율
		자본금	역사적환율
		기초이익잉여금	역사적환율
		당기순이익	평균환율
		해외사업환산이익(OCI)	대차차액

2. 해외사업환산손실이 발생한 경우

재무상태표

자산	마감환율	부채	마감환율
		자본금	역사적환율
		기초이익잉여금	역사적환율
해외사업환산손실(OCI)	대차차액	당기순이익	평균환율

02 해외지점의 외화환산

한 기업이 해외에 투자하여 진출하는 방법 중에 해외에 지점을 설치하는 경우가 있다. 이때, 지점의 기능통화와 본점의 표시통화가 다른 경우 본·지점회계(Branch Accounting)를 적용하여 통합재무제표를 작성하기 위해서는 해외지점의 재무제표를 본점의 표시통화로 환산해야 한다. 해외지점의 외화환산과 관련된 내용은 다음과 같다.

(1) 본점이 지점을 설치하게 되면 현금 등을 지점에 보내게 된다. 이러한 경우 본점은 차변에 지점으로 회계처리하고 지점은 대변에 본점으로 회계처리한다.

[본점 회계처리]

(차) 지점	×××	(대) 현금 등	×××

[지점 회계처리]

(차) 현금 등	×××	(대) 본점	×××

(2) 본점과 지점계정은 외화환산과정을 거치지 않고 통합재무제표를 작성할 때 내부거래로 상계되어 통합재무제표에는 나타나지 않는다.

[본점 지점 상계회계처리]

(차) 본점	×××	(대) 지점	×××

(3) 포괄손익계산서를 먼저 환산하여 당기순이익을 결정하고 재무상태표를 나중에 환산한다. 이때 외환차이가 발생하면 기타포괄손익으로 인식하고 해외지점의 처분손익을 인식하는 시점에 자본항목을 당기손익으로 재분류한다.

[그림 5-2] 지점의 표시통화환산

1. 해외사업환산이익이 발생한 경우

지점의 재무상태표

자산	마감환율	부채	마감환율
		본점	지점과 상계
		기초자본	역사적환율
		당기순이익	평균환율
		해외사업환산이익(OCI)	대차차액

2. 해외사업환산손실이 발생한 경우

지점의 재무상태표

자산	마감환율	부채	마감환율
		본점	지점과 상계
		기초자본	역사적환율
해외사업환산손실(OCI)	대차차액	당기순이익	평균환율

03 해외사업장의 외화환산

해외사업장(Foreign Operation)은 보고기업과 다른 국가에서 또는 다른 통화로 영업활동을 하는 종속기업, 관계기업, 공동약정이나 지점을 말한다. 해외사업을 연결 또는 지분법을 적용하여 보고기업의 재무제표에 포함되도록 하기 위하여 해외사업장의 경영성과와 재무상태를 표시통화로 환산하는 방법은 다음과 같다.

> (1) 재무상태표
>   ① 자산과 부채: 해당 보고기간 말의 마감환율로 환산
>   ② 자본: 역사적환율(거래발생일의 환율)
> (2) 포괄손익계산서의 수익과 비용: 해당 거래일의 환율로 환산 또는 해당 기간의 평균환율
> (3) 위 (1)과 (2)의 환산에서 생기는 외환차이: 기타포괄손익으로 인식

실무적으로 수익과 비용항목을 환산할 때 거래일의 환율에 근접한 환율(예 해당 기간의 평균환율)을 자주 사용한다. 그러나 환율이 유의적으로 변동한 경우에는 일정기간의 평균환율을 사용하는 것은 부적절하다. 위에서 언급한 외환차이의 발생원인은 다음과 같다.

> ① 수익과 비용은 해당 거래일의 환율로 환산하고 자산과 부채는 마감환율로 환산한다.
> ② 순자산의 기초 잔액을 전기의 마감환율과 다른 마감환율로 환산한다.

이 환율의 변동은 현재와 미래의 영업현금흐름에 직접적으로 영향을 미치지 않거나 거의 미치지 않으므로 이러한 외환차이는 당기손익으로 인식하지 아니한다. 외환차이의 누계액은 해외사업장이 처분될 때까지 자본의 별도 항목(기타포괄손익누계액)으로 표시한다. 보고기업이 지분을 전부 소유하고 있지는 않지만 연결실체에 포함되는 해외사업장과 관련된 외환차이 중 비지배지분으로 인해 발생하는 외환차이의 누계액은 연결재무상태표의 비지배지분으로 배분하여 인식한다.

재무상태표	① 자산과 부채: 해당 보고기간 말의 마감환율로 환산 ② 자본: 역사적환율(거래발생일의 환율)
포괄손익계산서	수익과 비용: 해당 거래일의 환율로 환산하거나 실무적으로 해당 기간의 평균환율 적용
해외사업환산손익	재무상태표와 포괄손익계산서에서 발생하는 외환차이를 기타포괄손익으로 인식 ① 외환차이의 누계액은 해외사업장이 처분될 때까지 자본의 별도 항목(기타포괄손익누계액)으로 표시 ② 해외사업장과 관련된 외환차이 중 비지배지분으로 인해 발생하는 외환차이의 누계액은 연결재무상태표의 비지배지분으로 배분하여 인식

해커스 IFRS 김원종 POINT 고급회계

Ⅲ 기능통화가 아닌 표시통화의 사용 Ch05-11

Ⅳ | 해외사업장 외화환산의 기타주제

01 연결재무제표 작성대상인 경우

보고기업과 해외사업장의 경영성과와 재무상태를 연결하는 경우 연결실체 내 잔액제거와 종속기업의 연결실체 내 내부거래제거와 같은 정상적인 연결절차를 수행한다. 그러나 내부거래에서 생긴 화폐성자산 또는 화폐성부채는 장단기 여부에 관계없이, 대응하는 화폐성부채 또는 화폐성자산과 상계하더라도 관련된 환율변동효과는 연결재무제표에 나타나게 된다. 내부거래에서 생긴 화폐성항목도 특정 통화를 다른 통화로 교환하는 과정이 따르므로 환율변동으로 보고기업의 손익이 영향을 받기 때문이다. 따라서 이러한 외환차이는 연결재무제표에서 당기손익으로 인식한다. 다만, 해외사업장의 순투자에서 발생하는 외환차이는 해외사업장이 처분될 때까지 기타포괄손익으로 인식하고 별도의 자본항목으로 누계한다.

02 해외사업장과 보고기업의 보고기간이 다른 경우

해외사업장과 보고기업의 보고기간 말이 다른 경우, 보고기업의 보고기간 말 현재로 해외사업장의 재무제표를 추가로 작성하기도 한다. 그러나 K-IFRS 제1110호 '연결재무제표'에 따라 보고기간 말의 차이가 3개월 이내이고 그 기간 동안 있었던 유의적인 거래나 기타 사건의 영향을 반영한 경우에는 보고기업의 보고기간 말이 아닌 해외사업장 보고기간 말 현재의 재무제표를 사용할 수 있다. 이 경우 해외사업장의 자산과 부채는 해외사업장의 보고기간 말 현재의 환율로 환산한다. 그리고 보고기업의 보고기간 말까지 환율이 유의적으로 변동한 경우에는 K-IFRS 제1110호 '연결재무제표'에 따라 그 영향을 반영한다. K-IFRS 제1028호 '관계기업과 공동기업에 대한 투자'에 따라 관계기업이나 공동기업에 대하여 지분법을 적용하는 경우에도 같은 방법을 사용한다.

03 해외사업장 취득 시 발생하는 영업권과 공정가치 조정액

해외사업장의 취득으로 발생하는 영업권과 자산·부채의 장부금액에 대한 공정가치 조정액은 해외사업장의 자산·부채로 본다. 따라서 이러한 영업권과 자산·부채의 장부금액에 대한 공정가치 조정액은 해외사업장의 기능통화로 표시하고 마감환율로 환산한다.

04 해외사업장의 처분 또는 일부 처분

해외사업장을 처분하는 경우에는 기타포괄손익과 별도의 자본항목으로 인식한 해외사업장관련 외환차이의 누계액은 해외사업장의 처분손익을 인식하는 시점에 재분류조정으로 자본에서 당기손익으로 재분류한다. 해외사업장에 대한 기업의 전체 지분의 처분뿐만 아니라 다음의 부분적 처분의 경우에도 처분으로 회계처리한다.

① 부분적 처분 후에도 이전 종속기업에 대한 비지배지분을 유지하는지에 상관없이, 부분적 처분으로 해외사업장을 포함한 종속기업에 대한 지배력을 상실하는 경우
② 공동약정의 지분의 부분적 처분이나 해외사업장을 포함한 관계기업에 대한 지분의 부분적 처분 이후 보유하는 지분이 해외사업장을 포함하는 금융자산의 경우

해외사업장을 포함한 종속기업의 처분 시 비지배지분에 귀속되는 그 해외사업장과 관련된 외환차이의 누계액은 제거하지만, 당기손익으로 재분류하지는 않는다. 해외사업장을 포함한 종속기업을 일부 처분 시 기타포괄손익에 인식된 외환차이의 누계액 중 비례적 지분을 그 해외사업장의 비지배지분으로 재귀속시킨다. 이외의 경우에는 해외사업장을 일부 처분한 때에 기타포괄손익에 인식된 외환차이의 누계액 중 비례적 지분만을 당기손익으로 재분류한다.

해외사업장의 매각, 청산, 자본의 환급 또는 해외사업장 전체나 일부를 포기하는 등의 방법으로 해외사업장에 대한 지분 전체나 일부를 처분할 수 있다. 해외사업장의 손실 또는 투자자가 인식한 손상으로 인한 해외사업장의 장부금액에 대한 감액의 인식은, 해외사업장의 일부를 처분하는 경우에는 해당하지 않는다. 따라서 기타포괄손익으로 인식된 외환손익은 감액을 인식한 시점에 손익으로 재분류하지 아니한다.

05 외환차이로 인한 법인세효과

외화거래에 따른 손익과 기업(해외사업장 포함)의 경영성과와 재무상태를 다른 통화로 환산함에 따라 생기는 외환차이로 법인세효과가 발생할 수 있다. 이러한 법인세효과는 K-IFRS 제1012호 '법인세'를 적용한다.

06 해외사업장에 대한 순투자

정의	해외사업장의 순자산에 대한 보고기업의 지분 해당 금액
화폐성항목	화폐성항목 중에서 예측할 수 있는 미래에 결제할 계획이 없고 결제될 가능성이 낮은 항목은 실질적으로 그 해외사업장에 대한 순투자의 일부로 봄 예 장기채권, 대여금
개별재무제표의 회계처리	해외사업장에 대한 순투자의 일부인 화폐성항목에서 생기는 외환차이는 보고기업의 별도재무제표나 해외사업장의 개별재무제표에서 당기손익으로 적절하게 인식
연결재무제표의 회계처리	보고기업과 해외사업장을 포함하는 연결재무제표에서는 이러한 외환차이를 처음부터 기타포괄손익으로 인식하고 관련 순투자의 처분시점에 자본에서 당기손익으로 재분류함

외화사채가 발행된 통화와 기능통화가 다르다면 기능통화에 의하여 재무제표를 작성하기 위하여 외화환산의 회계처리를 수행하여야 한다. 만약 기업이 투자외화사채를 취득하였을 경우 다음과 같이 회계처리해야 한다.

> ① 발행시점: 투자외화사채를 취득한 경우에는 취득시점에 취득일의 환율로 환산한다.
> ② 상각표: 유효이자율법에 의한 상각표를 외화기준으로 작성한다.
> ③ 결산시점: 외화기준으로 회계처리를 수행한 후 외화환산 절차를 수행한다. 당기 이자수익은 평균환율로 환산하며, 현금수입 이자부분은 이자수령일의 환율을 적용한다. 마지막으로 투자외화사채의 장부금액은 보고기간 말 현재의 환율로 환산하며, 대차차액인 환율변동효과는 당기손익으로 인식한다.

투자외화사채의 경우는 금융상품의 분류에 따라 상각후원가측정금융자산, 당기손익공정가치측정금융자산, 기타포괄손익공정가치측정금융자산으로 구분된다. 위의 회계처리를 수행한 후 상각후원가측정금융자산은 화폐성항목이므로 추가적인 공정가치변동손익을 인식할 필요가 없다. 한편, 당기손익공정가치측정금융자산은 위의 환율변동손익을 인식한 후 추가적인 공정가치변동분을 당기손익으로 인식하는 회계처리를 추가해야 한다. 그러나 기타포괄손익공정가치측정금융자산은 위의 환율변동손익을 인식한 후 추가적인 공정가치변동분을 기타포괄손익으로 인식해야 한다.

⚡POINT 투자외화사채의 회계처리

구분	환율변동효과	공정가치변동분
상각후원가측정금융자산	당기손익으로 인식	발생하지 않음
당기손익공정가치측정금융자산	당기손익으로 인식	당기손익으로 인식
기타포괄손익공정가치측정금융자산	당기손익으로 인식	기타포괄손익으로 인식

cpa.Hackers.com

해커스 IFRS 김원종 POINT 고급회계

회계사·세무사·경영지도사 단번에 합격!
해커스 경영아카데미 cpa.Hackers.com

Chapter 06

파생상품

Ⅰ 파생상품의 일반론

Ⅱ 파생상품의 인식과 측정

Ⅲ 파생상품의 회계처리

Ⅳ 이자율스왑

보론 1 위험회피수단과 위험회피대상항목의
지정

I | 파생상품의 일반론

01 파생상품의 의의

파생상품은 주식, 채권, 이자율, 환율 등 전통적인 금융상품을 기초자산 또는 기초변수로 하여 기초자산의 가치변동에 따라 가격이 결정되는 금융상품을 말한다.

02 파생상품의 거래형태에 따른 유형

거래형태에 따른 파생상품들의 정의는 다음과 같다.

> (1) 선도: 미래 일정시점에 약정된 가격에 의해 계약상의 특정 대상을 사거나 팔기로 계약당사자 간에 합의한 거래를 말한다.
> (2) 선물: 수량·규격·품질 등이 표준화되어 있는 특정 대상에 대하여 현재 시점에서 결정된 가격에 의해 미래 일정 시점에 인도·인수할 것을 약정한 계약으로서 조직화된 시장에서 정해진 방법으로 거래되는 것을 말한다.
> (3) 옵션: 계약당사자 간에 정하는 바에 따라 일정한 기간 내에 미리 정해진 가격으로 외화나 유가증권 등을 사거나 팔 수 있는 권리에 대한 계약을 말한다.
> (4) 스왑: 특정 기간 동안에 발생하는 일정한 현금흐름을 다른 현금흐름과 교환하는 연속된 선도거래를 말한다.

03 파생상품의 정의

K-IFRS 제1109호 '금융상품'에서 파생상품을 다음 3가지 특성을 모두 가진 금융상품 또는 기타계약으로 규정하고 있다.

> (1) 기초변수의 변동에 따라 가치가 변동한다. 다만, 비금융변수의 경우에는 계약의 당사자에게 특정되지 아니하여야 한다.
> (2) 최초 계약 시 순투자금액이 필요하지 않거나 시장요소의 변동에 비슷한 영향을 받을 것으로 기대되는 다른 유형의 계약보다 적은 순투자금액이 필요하다.
> (3) 미래에 결제된다. (단, 파생상품의 정의는 총액결제 또는 차액결제의 결제방법에 영향을 받지 않는다)

04 파생상품의 정의와 관련된 특수상황

비금융항목을 매입하거나 매도하는 계약	① 비금융항목을 매입하거나 매도하는 계약을 현금이나 다른 금융상품으로 차액결제할 수 있거나 금융상품의 교환으로 결제할 수 있는 경우에는 그 계약을 금융상품으로 봄 ② 기업이 예상하는 매입, 매도, 사용의 필요에 따라 비금융항목을 수취하거나 인도할 목적으로 체결하여 계속 유지하고 있는 계약에는 K-IFRS 제1109호 '금융상품'을 적용하지 아니함 ③ 비금융항목을 매입하거나 매도하는 계약을 현금이나 다른 금융상품으로 차액결제할 수 있거나 금융상품의 교환으로 결제할 수 있어 금융상품으로 보는 경우에, 기업이 예상하는 매입, 매도, 사용의 필요에 따라 비금융항목을 수취하거나 인도할 목적으로 그 계약을 체결하더라도, 그 계약을 당기손익-공정가치 측정항목으로 지정할 수 있음
대출약정	① 대출약정은 잠재적 차입자가 특정 이자율로 차입할 수 있게 발행한 옵션임 ② K-IFRS에서는 대출약정의 보유자와 발행자의 회계처리를 간편하게 하기 위하여 특정 대출약정을 공정가치 측정 대상의 적용범위에서 제외함 ③ 대출약정의 최초 발생 시에 대출약정을 당기손익공정가치측정금융부채로 지정하여 공정가치의 변동을 당기손익에 반영하는 것을 허용함 ④ 현금으로 차액결제할 수 있거나 다른 금융상품을 인도하거나 발행하여 결제할 수 있는 대출약정은 파생상품임
정형화된 매매거래	정형화된 매매거래는 매매일과 결제일 사이에 거래가격을 고정하는 거래이며 파생상품의 정의를 충족하나 계약기간이 짧기 때문에 파생금융상품으로 인식하지 않음

05 내재파생상품

내재파생상품	① 파생상품이 아닌 주계약을 포함하는 복합상품의 구성요소로, 복합상품의 현금흐름 중 일부를 독립적인 파생상품의 경우와 비슷하게 변동시키는 효과를 가져오는 금융상품 ② 특정 금융상품에 부가되어 있더라도, 계약상 해당 금융상품과는 독립적으로 양도할 수 있거나 해당 금융상품과는 다른 거래상대방이 있는 파생상품은 내재파생상품이 아니며, 별도의 금융상품임
금융자산이 주계약인 복합계약	① 해당 복합계약 전체에 대해 현금흐름의 특성과 사업모형에 따라 상각후원가측정금융자산, 당기손익공정가치측정금융자산, 기타포괄손익공정가치측정금융자산으로 분류 ② 전환사채 투자자: 복합금융상품 전체에 대해 공정가치변동분을 당기손익 또는 기타포괄손익으로 인식하며, 내재파생상품을 분리하지 않음 ③ 신주인수권부사채 투자자: 복합금융상품 전체에 대해 공정가치변동분을 당기손익 또는 기타포괄손익으로 인식하며, 내재파생상품을 분리하지 않음
그 밖의 복합계약	다음을 모두 충족하는 경우에만 내재파생상품을 주계약과 분리하여 파생상품으로 회계처리함 ① 내재파생상품의 경제적 특성·위험이 주계약의 경제적 특성·위험과 밀접하게 관련되어 있지 않음 ② 내재파생상품과 조건이 같은 별도의 금융상품이 파생상품의 정의를 충족함 ③ 복합계약의 공정가치 변동을 당기손익으로 인식하지 않음

Ⅱ | 파생상품의 인식과 측정

01 파생상품의 거래목적

기업이 파생상품을 거래하는 목적은 매매목적과 위험회피목적으로 구분할 수 있다.

매매목적	매매목적은 파생상품자체의 가격의 변동을 예측하여, 위험을 부담하고 가격변동에 따른 시세차익을 목적으로 파생상품을 거래한 것
위험회피목적	특정 위험에 기인하고 당기손익에 영향을 줄 수 있는 것으로서, 인식된 자산이나 부채 또는 발생가능성이 매우 큰 예상거래의 현금흐름 변동 익스포저에 대한 위험회피 ① 공정가치위험회피: 특정 위험에 기인하고 당기손익에 영향을 줄 수 있는 것으로서, 인식된 자산이나 부채 또는 인식되지 않은 확정계약 또는 이러한 항목의 구성요소의 공정가치 변동 익스포저에 대한 위험회피 ② 현금흐름위험회피: 특정 위험에 기인하고 당기손익에 영향을 줄 수 있는 것으로서, 인식된 자산이나 부채 또는 발생가능성이 매우 큰 예상거래의 현금흐름 변동 익스포저에 대한 위험회피 ③ 해외사업장순투자의 위험회피: 해외사업장의 순자산에 대한 보고기업의 지분해당액을 지배기업의 표시통화로 재무제표를 환산하는 과정에 발생하는 환율변동위험을 회피하기 위하여 파생상품을 사용하는 위험회피

02 파생상품의 인식과 측정

최초인식	① 파생상품도 최초로 인식하는 때에, 파생상품 계약에 따라 발생한 권리와 의무를 공정가치로 측정하여 자산과 부채를 재무상태표에 인식함 ② 자산 또는 부채를 동시에 총액으로 계상해서는 안 되며 순액으로 계상함
후속측정	① 모든 파생상품은 최초인식 후에 공정가치로 측정함 ② 매매목적의 파생상품은 공정가치로 측정하고 공정가치변동분을 당기손익으로 인식함 ③ 현금흐름 위험회피수단 및 해외사업장순투자의 위험회피수단으로 지정된 파생상품의 공정가치 변동분 중에 위험회피에 효과적인 부분은 기타포괄손익으로 인식하고, 효과적이지 않은 부분은 당기손익으로 인식함

Ⅲ | 파생상품의 회계처리

01 매매목적의 파생상품

① 매매목적으로 분류된 파생상품은 공정가치로 측정하고 공정가치변동분을 당기손익으로 인식함
② 통화선도 거래의 공정가치를 산정하는 경우는 잔여만기가 동일한 통화선도환율을 기준으로 하여 산정하며, 이에 따른 공정가치는 해당 통화선도환율 변동액을 잔여만기에 대하여 적절한 이자율로 할인하여 산정함

> ⊙ 참고 **통화선도환율과 할인율**
>
> 통화선도환율은 주요 금융기관이 제시하는 통화선도환율을 참고로 하여 금융결제원 자금중개실이 보고기간 종료일에 고시하는 원화 대 미달러화 간 통화선도환율 및 이러한 원화 대 미달러화 간 통화선도환율과 미달러화 대 기타통화 간 통화선도환율을 재정한 원화 대 기타통화 간 통화선도환율을 사용한다.
>
> 통화선도환율변동액은 만기시점의 현금흐름이므로 현재시점의 공정가액을 구하기 위해서는 이를 적절한 할인율로 할인해야 한다. 이 경우 적절한 할인율은 통화선도계약당사자의 신용위험이 반영된 이자율이어야 하나 실무적 적용가능성을 고려하여 계약당사자의 동일신용위험을 가정한 이자율을 사용할 수도 있다. 예를 들어 통화선도계약당사자에 대하여 우대금리 수준의 위험을 가정한다면 원화 대 외화 거래의 경우 주거래은행의 우대금리를 적절한 할인율로 사용할 수 있는 것이다.

매매목적의 파생상품의 회계처리를 예시하면 다음과 같다.

구분	회계처리			
계약체결시점	N/A			
기말시점	(차) 파생상품	×××	(대) 파생상품평가이익(NI)	×××
결제시점	(차) 현금	×××	(대) 파생상품	×××
	파생상품거래손실(NI)	×××		

02 위험회피회계

(1) 위험회피회계의 목적과 적용범위

당기손익 또는 지분상품 투자의 공정가치의 변동을 기타포괄손익에 표시하기로 선택한 경우에는 기타포괄손익에 영향을 미칠 수 있는 특정 위험으로 생긴 익스포저를 관리하기 위하여 금융상품을 활용하는 위험관리 활동의 효과를 재무제표에 반영하는 것

(2) 위험회피회계의 적용조건

다음의 조건을 모두 충족하는 위험회피관계에 대해서만 위험회피회계를 적용할 수 있다.

> ① 위험회피관계는 적격한 위험회피수단과 적격한 위험회피대상항목으로만 구성된다.
> ② 위험회피의 개시시점에 위험회피관계와 위험회피를 수행하는 위험관리의 목적과 전략을 공식적으로 지정하고 문서화한다. 이 문서에는 위험회피수단, 위험회피대상항목, 회피대상위험의 특성과 위험회피관계가 위험회피효과에 대한 요구사항을 충족하는지를 평가하는 방법(위험회피의 비효과적인 부분의 원인 분석과 위험회피비율의 결정 방법 포함)이 포함되어야 한다.
> ③ 위험회피관계는 다음의 위험회피효과에 관한 요구사항을 모두 충족한다.
> • 위험회피대상항목과 위험회피수단 사이에 경제적 관계가 있다.
> • 신용위험의 효과가 위험회피대상항목과 위험회피수단의 경제적 관계로 인한 가치 변동보다 지배적이지 않다.
> • 위험회피관계의 위험회피비율은 기업이 실제로 위험을 회피하는 위험회피대상항목의 수량과 위험회피대상항목의 수량의 위험을 회피하기 위해 기업이 실제 사용하는 위험회피수단의 수량의 비율과 같다.

① 적격한 위험회피수단과 적격한 위험회피대상항목

위험회피를 적용하기 위해서는 [보론 1]에서 설명할 위험회피대상항목으로 지정할 수 있는 항목과 위험회피수단으로 지정할 수 있는 항목으로 구성되어야 한다.

② 문서화

위험회피의 개시시점에 위험회피관계와 위험회피를 수행하는 위험관리의 목적과 전략을 공식적으로 지정하고 문서화(Documentation)해야 위험회피회계를 적용할 수 있다.

> ⊘ 참고 **문서화**
>
> 파생상품은 그 보유목적인 매매목적, 공정가치위험회피, 현금흐름위험회피에 따라 당기손익과 기타포괄손익으로 인식할 금액이 차이가 존재하기 때문에 경영자의 자의적인 의도로 이익조작을 방지하기 위하여 위험회피 개시시점에 문서화하도록 요구하고 있다. 위험회피관계의 문서화에는 위험회피효과를 평가하기 위해 사용하는 방법을 포함해 위험회피효과에 관한 요구사항을 어떻게 평가할 것인지를 포함하며, 위험회피관계의 문서화는 평가방법의 변경에 따라 갱신되어야 한다.

③ 위험회피대상항목과 위험회피수단 사이의 경제적 관계

경제적 관계(Economic Relationship)가 존재한다는 것은 위험회피수단과 위험회피대상항목이 같은 위험, 즉 회피대상위험으로 인하여 일반적으로 반대 방향으로 변동하는 가치를 가지고 있다는 것을 의미한다.

④ 신용위험의 효과

신용위험의 효과(Effect of Credit Risk)는 위험회피수단과 위험회피대상항목 사이에 경제적 관계가 있더라도 상계의 정도는 일정하지 않을 수 있다는 것을 의미한다. 위험회피수단이나 위험회피대상항목의 신용위험의 변동이 매우 커서 신용위험이 경제적 관계로 인한 가치변동보다 영향이 지배적인 경우에는 위험회피회계를 적용할 수 없다. 이것은 위험회피수단이나 위험회피대상항목의 신용위험의 변동이 매우 커서 신용위험이 경제적 관계로 인한 가치변동보다 영향이 지배적인 경우 발생할 수 있다. 지배적인지를 결정하는 규모의 수준은 기초변수의 변동이 유의적인 경우에도 신용위험으로부터의 손실이 위험회피수단이나 위험회피대상항목의 가치에 기초변수의 변동이 미치는 영향을 압도하는 것을 말한다.

⑤ 위험회피비율

위험회피비율(Hedge Ratio)이란 상대적인 가중치로 표현되는 위험회피대상항목과 위험회피수단 각각의 수량 사이의 관계를 말한다. 위험회피관계의 위험회피비율은 실제로 위험회피를 하는 위험회피대상항목의 수량과 기업이 그 수량을 위험회피하기 위해 사용하는 위험회피수단의 수량에 따른 위험회피비율과 같아야 한다.

⑥ 위험회피효과 요구사항을 충족하는지를 평가하는 빈도

위험회피관계가 위험회피효과의 요구사항을 충족하는지 여부는 위험회피관계의 개시시점부터 지속적으로 평가한다. 이러한 지속적인 평가는 최소한 매 보고일이나 위험회피효과에 관한 요구사항에 영향을 미치는 상황의 유의적 변동이 있는 시점 중에서 이른 날에 수행한다. 이러한 평가는 위험회피효과에 관한 예상과 관련되므로 전진적으로만 수행한다.

(3) 위험회피관계의 재조정과 위험회피비율의 변동

① 정의: 재조정은 이미 존재하는 위험회피관계의 위험회피대상항목이나 위험회피수단의 지정된 수량을 위험회피효과에 관한 요구사항에 부합하도록 위험회피비율을 유지하기 위하여 조정하는 것
② 회계처리: 재조정은 위험회피관계가 지속되는 것으로 회계처리하고, 재조정하는 시점에 위험회피관계에서 위험회피의 비효과적인 부분은 위험회피관계를 조정하기 전에 산정하여 즉시 인식함
③ 위험회피관계가 위험회피비율과 관련된 위험회피 효과성의 요구사항을 더는 충족하지 못하지만 지정된 위험회피관계에 대한 위험관리의 목적이 동일하게 유지되고 있다면, 위험회피관계가 다시 적용조건을 충족할 수 있도록 위험회피관계의 위험회피비율을 조정해야 함

(4) 위험회피회계의 중단

① 정의: 위험회피수단이 소멸·매각·종료·행사된 경우에 해당하여 위험회피관계가 적용조건을 충족하지 않는 경우
② 위험회피수단이 소멸·매각·종료·행사된 경우에 해당하여 위험회피관계가 적용조건을 충족하지 않는 경우에만 전진적으로 위험회피회계를 중단함
③ 위험회피회계가 전체적으로 적용조건을 충족하지 못하는 경우에는 위험회피관계 전체를 중단하며, 위험회피관계의 일부만이 적용조건을 더 이상 충족하지 못하는 경우에는 일부 위험회피관계만 중단할 수 있음

⊘ 참고 위험회피회계의 중단

위험회피수단이 소멸·매각·종료·행사된 경우에 해당하여 위험회피관계가 적용조건을 충족하지 않는 경우에만 전진적으로 위험회피회계를 중단한다. 여기서 유의할 점은 위험회피회계를 위의 사유를 제외하고는 자발적으로 중단할수는 없다는 것이다. 위험회피회계가 전체적으로 적용조건을 충족하지 못하는 경우에는 위험회피관계 전체를 중단하며, 위험회피관계의 일부만이 적용조건을 더 이상 충족하지 못하는 경우에는 일부 위험회피관계만 중단할 수 있다. 위험회피회계의 일부나 전체가 중단된 종전의 위험회피관계의 위험회피수단이나 위험회피대상항목을 새로운 위험회피관계로 지정할 수 있다. 이는 위험회피관계의 지속이 아니라 재시작이다.

03 공정가치위험회피회계

공정가치위험회피(Fair Value Hedge)란 특정 위험에 기인하고 당기손익에 영향을 줄 수 있는 것으로서, 인식된 자산이나 부채 또는 인식되지 않은 확정계약 또는 이러한 항목의 구성요소의 공정가치 변동 익스포저에 대한 위험회피를 말한다. 따라서 위험회피대상항목에서 발생하는 당기손익은 위험회피수단인 파생상품에서 발생하는 평가손익을 반대로 인식하여 공정가치에 대한 변동위험이 당기손익에 미치는 영향을 상쇄시키는 것이다. 일반적인 공정가치위험회피회계의 회계처리를 예시하면 다음과 같다.

[파생상품평가이익이 발생한 경우]

구분	위험회피대상항목 (자산 또는 부채, 확정계약)		위험회피수단 (파생상품)	
기말시점	(차) 평가손실(NI)	×××	(차) 파생상품자산	×××
	(대) 위험회피대상항목	×××	(대) 파생상품평가이익(NI)	×××

[파생상품평가손실이 발생한 경우]

구분	위험회피대상항목 (자산 또는 부채, 확정계약)		위험회피수단 (파생상품)	
기말시점	(차) 위험회피대상항목	×××	(차) 파생상품평가손실(NI)	×××
	(대) 평가이익(NI)	×××	(대) 파생상품부채	×××

(1) 인식된 자산이나 부채의 공정가치위험회피회계

인식된 자산이나 부채인 위험회피대상항목과 위험회피수단이 공정가치위험회피회계의 적용조건을 충족하면 다음과 같이 회계처리한다.

① 위험회피수단

위험회피수단의 손익은 당기손익으로 인식한다. 단, 공정가치의 변동을 기타포괄손익에 표시하기로 선택한 지분상품의 위험회피수단의 손익은 기타포괄손익으로 인식한다.

② 위험회피대상항목

회피대상위험으로 인한 위험회피대상항목의 손익은 위험회피대상항목의 장부금액에서 조정하고 당기손익으로 인식한다. 또한 위험회피대상항목이 채무상품인 기타포괄손익공정가치측정금융자산인 경우에도 회피대상위험으로 인한 위험회피대상항목의 손익은 당기손익으로 인식한다. 만약 위험회피대상항목이 상각후원가측정금융자산인 경우라 하더라도 위험회피회계를 적용하려면 당기손익의 상쇄효과를 위하여 상각후원가측정금융자산의 공정가치변동을 당기손익으로 인식해야 한다.

그러나 위험회피대상항목이 공정가치변동을 기타포괄손익에 표시하기로 선택한 지분상품인 경우에는 그 금액을 기타포괄손익에 남겨둔다. 즉, 기타포괄손익에 표시하기로 선택한 지분상품인 경우에는 위험회피대상항목과 위험회피수단의 손익을 대칭적으로 기타포괄손익으로 인식하여 기타포괄손익에 미치는 영향을 상쇄시키는 것이다.

> ⊘ 참고 **공정가치위험회피회계의 기타포괄손익공정가치측정금융자산(지분상품)의 적용**
> K-IFRS에서는 위험회피대상항목이 공정가치변동을 기타포괄손익에 표시하기로 선택한 지분상품인 경우에는 그 금액을 기타포괄손익에 남겨두도록 규정하고 있다. 왜냐하면 공정가치변동을 기타포괄손익에 표시하기로 선택한 지분상품의 경우 기타포괄손익으로 표시하는 금액은 후속적으로 당기손익으로 재분류하는 것을 금지하고 있기 때문이다. 따라서 처분시점에 당기손익으로 인식할 수 없으므로 위험회피대상항목의 공정가치 변동이 당기손익으로 인식되지 않기 때문에 위험회피효과를 기타포괄손익을 통하여 인식하고자 하는 것이다.

여기서 주의할 점은 인식된 자산이나 부채인 위험회피대상항목이 당기손익으로 인식하는 항목일 경우에는 위험회피회계를 적용하지 않아도 위험회피효과가 인식되므로 위험회피회계를 적용할 필요가 없다는 것이다. 예를 들어, 위험회피대상항목인 외화매출채권(화폐성자산) 또는 외화매입채무(화폐성부채)의 환율변동위험은 위험회피회계를 적용하지 않더라도 해당 위험회피대상항목의 평가손익(외화환산손익)을 인식하므로 공정가치위험회피회계가 불필요하다. 즉, 위험회피대상항목인 외화매출채권(화폐성자산) 또는 외화매입채무(화폐성부채)의 외화관련손익이 당기손익으로 인식되어 위험회피수단인 통화선도거래의 평가손익이 계상되는 시기와 일치하므로 위험회피회계가 불필요한 것이다.

⚡POINT 인식된 자산이나 부채의 공정가치위험회피회계

구분	위험회피대상항목	위험회피수단
원가법 적용 항목	공정가치변동분 - 당기손익	공정가치변동분 - 당기손익
당기손익인식 공정가치법 적용 항목	공정가치변동분 - 당기손익	공정가치변동분 - 당기손익 (위험회피회계 불필요)[1]
기타포괄손익인식 공정가치법 적용 항목	• 원칙: 공정가치변동분 - 당기손익 (채무상품) • 예외: 공정가치변동분 - 기타포괄손익 (지분상품)	• 원칙: 공정가치변동분 - 당기손익 (채무상품) • 예외: 공정가치변동분 - 기타포괄손익 (지분상품)

(2) 확정계약

확정계약(Firm Commitment)이란 미래의 특정일에 거래 대상의 특정 수량을 특정 가격으로 교환하기로 하는 구속력 있는 약정을 말한다. 이러한 확정계약의 공정가치위험회피를 하기 위한 수단으로 파생상품을 사용하는 경우에 파생상품의 평가손익이 인식되는 보고기간에 확정계약의 평가손익을 추가로 인식하면 당기순이익에 미치는 영향을 상쇄할 수 있다.

① 위험회피수단

위험회피수단의 손익은 당기손익으로 인식한다.

② 위험회피대상항목

확정계약은 이론적으로 재산의 증가, 감소를 일으키는 사건이 아닌 미이행계약이므로 계약이행시점까지 회계처리를 하지 않는다. 그러나 위험회피 적용조건을 모두 갖추어 위험회피회계를 적용할 수 있는 확정계약인 경우에는 위험회피대상항목의 공정가치 누적변동분을 자산이나 부채로 인식하고, 이에 상응하는 손익은 당기손익으로 인식한다. 공정가치위험회피회계의 위험회피대상항목이 자산을 취득하거나 부채를 인수하는 확정계약인 경우에는 확정계약을 이행한 결과로 인식하는 자산이나 부채

---

1) 예를 들어, 위험회피대상항목인 외화 화폐성자산 또는 외화 화폐성부채의 환율변동위험은 위험회피회계가 불필요하다.

의 최초 장부금액이 재무상태표에 인식된 위험회피대상항목의 공정가치 누적변동분을 포함하도록 조정한다.

③ 확정계약의 외화위험회피

확정계약의 외화위험회피에서 공정가치위험회피회계나 현금흐름위험회피회계를 선택적으로 적용할 수 있다. 왜냐하면 확정계약의 외화위험회피에서 통화선도 등을 위험회피수단으로 이용하게 되면 현금흐름위험과 공정가치위험을 모두 회피할 수 있기 때문이다.

> ✎ **저자 견해 확정계약의 외화위험회피에서 공정가치 측정 시 환율적용**
>
> 공정가치 위험회피회계를 적용하는 외화위험회피 확정계약의 경우 위험회피대상항목인 확정계약의 공정가치 누적변동분을 자산이나 부채로 인식하고, 이에 상응하는 손익은 당기손익으로 인식하여야 한다. 이때, 현물환율과 선도환율 중 어떠한 환율로 공정가치를 측정할 것인가에 대한 문제가 발생한다. 확정계약의 경우 현재시점에 계약이 이행되는 것이 아니라 미래의 지정된 날짜에 계약이 이행되므로 현물환율이 아니라 선도환율로 공정가치를 평가하며, 확정계약을 현금흐름위험회피로 선택한 경우 위험회피대상항목을 평가할 때도 선도환율을 적용하여 평가하는 것이 이론적으로 타당하다고 생각한다. 따라서 현금흐름위험회피로 지정한 확정계약에서는 위험회피에 비효과적인 부분은 발생할 수 없다는 것이 저자의 견해이다.

> ⚡ **POINT** **확정계약의 공정가치위험회피회계**

구분	위험회피대상항목	위험회피수단
확정계약	공정가치변동분 - 당기손익	공정가치변동분 - 당기손익
회계처리	① 위험회피대상항목의 공정가치 누적변동분을 자산이나 부채로 인식하고, 이에 상응하는 손익은 당기손익으로 인식함 ② 자산을 취득하거나 부채를 인수하는 확정계약의 최초 장부금액: 재무상태표에 인식된 위험회피대상항목의 공정가치 누적변동분을 포함하도록 조정함	

04 현금흐름위험회피회계

현금흐름위험회피는 특정 위험에 기인하고 당기손익에 영향을 줄 수 있는 것으로서, 인식된 자산이나 부채(예 변동금리부 채무상품의 미래이자지급액의 전체나 일부) 또는 발생가능성이 매우 큰 예상거래의 현금흐름 변동 익스포저에 대한 위험회피를 말한다.

(1) 인식된 자산이나 부채의 현금흐름위험회피회계

인식된 자산이나 부채인 위험회피대상항목과 위험회피수단이 현금흐름위험회피회계의 적용조건을 충족한다면 현금흐름위험회피회계를 적용하여 회계처리해야 한다. 예를 들어, 변동이자율 수취조건의 대여금이나 변동이자율 지급조건의 차입금의 경우에는 이자율의 변동에 따라 향후 수취하고 지급할 이자액의 현금흐름이 변동될 위험에 노출되어 있다. 따라서 이러한 경우에도 이자율스왑거래를 통해 해당 위험을 회피할 수 있는데, 변동이자율 수취조건의 대여금은 변동이자를 지급하고 고정이자를 수취하는 이자율 스왑계약을 체결하거나 변동이자율 지급조건의 차입금은 변동이자를 수취하고 고정이자를 지급하는 이자율 스왑계약을 체결하면 미래현금흐름의 변동위험을 회피하여 고정이자로 미래현금흐름을 수취하고 지급하게 된다. 이때 파생상품평가손익 중 위험회피에 효과적이지 못한 부분은 당기손익으로 인식하고 위험회피에 효과적인 부분은 기타포괄손익으로 인식하여, 기타포괄손익누계액(자본항목)으로 계상한 후 향후 대여금 또는 차입금의 이자수취와 지급 시에 당기손익으로 인식한다.

(2) 예상거래의 현금흐름위험회피회계

예상거래(Forecasted Transaction)란 이행해야 하는 구속력은 없으나, 앞으로 발생할 것으로 예상되는 거래를 말한다.

① 위험회피수단

예상거래의 미래현금흐름변동위험을 감소시키기 위하여 지정된 파생상품평가손익 중 위험회피에 비효과적인 부분은 당기손익으로 인식한다. 반면에, 위험회피에 효과적인 부분은 현금흐름위험회피적립금의 과목으로 기타포괄손익으로 인식하여, 기타포괄손익누계액(자본항목)에 적립한다.
위험회피대상항목과 관련된 별도의 자본요소인 현금흐름위험회피적립금은 다음 중 적은 금액으로 조정한다. 단, 절대금액 기준으로 판단한다.

> a. 위험회피 개시 이후 위험회피수단의 손익누계액
> b. 위험회피 개시 이후 위험회피대상항목의 공정가치(현재가치) 변동 누계액

즉, 위험회피수단의 손익 중 현금흐름위험회피적립금의 변동에 따라 상쇄되는 부분은 기타포괄손익으로 인식하며, 위험회피수단의 손익의 나머지는 위험회피에 비효과적인 부분이며 당기손익으로 인식해야 한다.

사례1

파생상품평가이익이 ₩1,200이고 위험회피대상거래의 위험회피대상항목의 현금흐름 변동액의 현재가치가 ₩1,000인 경우에 해당 기간에 파생상품평가이익 중 위험회피에 효과적인 부분 ₩1,000은 기타포괄손익으로 인식하고, 위험회피에 비효과적인 부분에 해당하는 차액 ₩200을 당기손익으로 인식한다. 회계처리를 예시하면 다음과 같다.

일자	회계처리			
결산시점	(차) 파생상품자산	1,200	(대) 현금흐름위험회피적립금(OCI)	1,000
			파생상품평가이익(NI)	200

반면에 파생상품평가이익이 ₩1,000이고 위험회피대상거래의 위험회피대상항목의 현금흐름 변동액의 현재가치가 ₩1,200인 경우에 해당 기간에 파생상품평가이익 ₩1,000은 모두 위험회피에 효과적인 부분이므로 기타포괄손익으로 인식하며, 위험회피에 비효과적인 부분은 없으므로 당기손익으로 인식될 부분은 없다. 회계처리를 예시하면 다음과 같다.

일자	회계처리			
결산시점	(차) 파생상품자산	1,000	(대) 현금흐름위험회피적립금(OCI)	1,000

이와 관련하여 주의할 점은 현금흐름위험회피적립금항목으로 계상해야 할 파생상품평가손익은 해당 보고기간기준으로 산정하는 것이 아니라 누적 보고기간기준으로 산정해야 한다는 것이다.

A회사가 20×1년 중 미래의 재고매입에 대한 현금흐름위험을 회피하고자 파생상품계약을 체결하였으며, 이를 위험회피수단으로 지정하였다. 동 거래에서 발생한 20×1년과 20×2년의 연도별 파생상품평가손익과 위험회피대상의 현금흐름 변동액(현재가치)이 다음과 같다고 가정한다.

구분	20×1년	20×2년
파생상품평가이익(손실)	₩50,000	₩(30,000)
예상거래 현금흐름 변동액의 현재가치	₩(48,000)	₩32,000

위의 파생상품평가이익을 위험회피의 효과적인 부분과 비효과적인 부분으로 분석하면 다음과 같다.

구분	20×1년	20×2년	20×2년 누적
파생상품평가이익(손실)	₩50,000	₩(30,000)	₩20,000
예상거래의 현금흐름변동	₩(48,000)	₩32,000	₩(16,000)
위험회피에 효과적인 부분(기타포괄손익)	₩48,000	₩(32,000)	₩16,000
위험회피에 비효과적인 부분(당기손익)	₩2,000	₩2,000	₩4,000

따라서 20×1년과 20×2년의 회계처리는 다음과 같이 수행되어야 한다.

일자	회계처리					
20×1년 말	(차) 파생상품자산	50,000	(대)	현금흐름위험회피적립금(OCI)		48,000
				파생상품평가이익(NI)		2,000
20×2년 말	(차) 현금흐름위험회피적립금(OCI)	32,000	(대)	파생상품자산		30,000
				파생상품평가이익(NI)		2,000

위험회피에 효과적인 부분으로 계상된 현금흐름위험회피적립금 누계액은 다음과 같이 후속적으로 회계처리한다.

a. 위험회피대상 예상거래로 인해 후속적으로 비금융자산이나 비금융부채를 인식하게 되거나, 비금융자산이나 비금융부채에 대한 위험회피대상 예상거래가 공정가치위험회피회계를 적용하는 확정계약이 된다면, 현금흐름위험회피적립금에서 그 금액을 제거하고 관련 자산 또는 부채의 최초 원가나 그 밖의 장부금액에 그 금액을 직접 포함한다. 이것은 재분류조정이 아니며, 따라서 기타포괄손익에 영향을 미치지 않는다.

b. a가 적용되지 않는 현금흐름위험회피의 경우에 해당 금액은 위험회피대상 미래예상현금흐름이 당기손익에 영향을 미치는 기간(예 이자수익이나 이자비용을 인식하는 기간이나 예상매출이 생긴 때)에 재분류조정으로 현금흐름위험회피적립금에서 당기손익에 재분류한다.

c. 현금흐름위험회피적립금이 차손이며 그 차손의 전부나 일부가 미래 기간에 회복되지 않을 것으로 예상된다면, 회복되지 않을 것으로 예상되는 그 금액을 재분류조정으로 즉시 당기손익으로 재분류한다.

a. 후속적으로 비금융자산이나 비금융부채를 인식하거나 비금융자산이나 비금융부채에 대한 위험회피대상 예상거래가 공정가치위험회피회계를 적용하는 확정계약인 경우	현금흐름위험회피적립금에서 그 금액을 제거하고 관련 자산 또는 부채의 최초 원가나 그 밖의 장부금액에 그 금액을 직접 포함함(이것은 재분류조정이 아니므로 기타포괄손익에 영향을 미치지 않음)
b. a가 적용되지 않는 현금흐름위험회피의 경우	해당 금액은 위험회피대상 미래예상현금흐름이 당기손익에 영향을 미치는 기간에 재분류조정으로 현금흐름위험회피적립금에서 당기손익에 재분류함
c. 현금흐름위험회피적립금의 차손의 전부나 일부가 미래 기간에 회복되지 않을 것으로 예상되는 경우	회복되지 않을 것으로 예상되는 그 금액을 재분류조정으로 즉시 당기손익으로 재분류함

② 위험회피대상항목

위험회피대상항목이 아직 발생하지 않은 예상거래이므로 해당 예상거래에 대한 평가손익을 인식할 수 없다. 따라서 예상거래가 실제 발생하는 시점까지 예상거래와 관련된 손익은 인식하지 않는다.

🔋 **POINT** **예상거래의 현금흐름위험회피회계**

구분	위험회피대상항목	위험회피수단
예상거래	예상거래가 실제 발생하는 시점까지 예상거래와 관련된 손익은 인식하지 않음	파생상품평가손익 중 효과적인 부분은 기타포괄손익으로 인식하며, 위험회피에 비효과적인 부분은 당기손익으로 인식함
회계처리	① 위험회피대상항목과 관련된 별도의 자본요소인 현금흐름위험회피적립금은 다음 중 적은 금액으로 조정함(절대금액 기준으로 판단) 　　a. 위험회피 개시 이후 위험회피수단의 손익누계액 　　b. 위험회피 개시 이후 위험회피대상항목의 공정가치(현재가치) 변동 누계액 ② 현금흐름위험회피적립금항목으로 계상해야 할 파생상품평가손익은 해당 보고기간기준으로 산정하는 것이 아니라 누적 보고기간기준으로 산정함	

05 해외사업장순투자의 위험회피회계

정의	해외사업장의 순자산에 대한 보고기업의 지분해당액을 지배기업의 표시통화로 재무제표를 환산하는 과정에 발생하는 환율변동위험을 회피하기 위하여 파생상품을 사용하는 위험회피
회계처리	① 위험회피수단의 손익 중 위험회피에 효과적인 부분: 기타포괄손익 ② 위험회피수단의 손익 중 위험회피에 비효과적인 부분: 당기손익 ③ 위험회피에 효과적인 부분과 관련된 위험회피수단의 누적손익은 해외사업장을 처분하거나 일부를 처분할 때 재분류조정으로 자본에서 당기손익으로 재분류함

Ⅳ | 이자율스왑

01 이자율스왑의 의의

정의	거래당사자가 일정기간 동안 특정원금에 대한 고정금리이자의 현금흐름과 변동금리이자의 현금 흐름을 교환하는 것
매매목적	스왑거래에서 발생한 권리와 의무를 매 보고기간 말에 공정가치로 평가하여 자산 또는 부채로 인식하며, 공정가치변동분은 당기손익으로 인식
공정가치 위험회피	고정금리조건의 대여금이나 차입금의 경우에는 자산과 부채의 공정가치가 변동될 위험에 익스포저되어 있으므로 이자율스왑거래를 통해 공정가치 변동위험을 회피함 ① 위험회피수단: 스왑거래에서 발생한 권리와 의무를 매 보고기간 말에 공정가치로 평가하여 자산 또는 부채로 인식하며, 공정가치변동분은 당기손익으로 인식함 ② 위험회피대상항목: 위험회피대상항목인 대여금이나 차입금의 평가손익은 위험회피대상항목의 장부금액을 조정하여 당기손익으로 인식하고, 위험회피수단의 손익과 대칭적으로 인식하여 당기순이익에 미치는 영향을 상쇄시킴
현금흐름 위험회피	변동금리조건의 대여금이나 차입금의 경우에는 시장이자율의 변동에 따라 향후 수취하거나 지급할 미래현금흐름의 변동위험에 익스포저되어 있으므로 이자율스왑거래를 통하여 현금흐름위험을 회피함 ① 위험회피수단: 이자율스왑평가손익 중 위험회피에 비효과적인 부분은 당기손익으로 인식하고 위험회피에 효과적인 부분은 기타포괄손익으로 인식하고 별도의 자본항목에 누계한 후, 향후 대여금 또는 차입금의 이자수입 및 지출 시에 당기손익으로 재분류함 ② 위험회피대상항목: 대여금과 차입금의 명목상 원금과 변동이자부분만 회계처리하고 위험회피대상항목인 대여금이나 차입금의 평가손익은 발생하지 않으므로 추가적인 공정가치평가의 회계처리는 수행할 필요가 없음

01. 위험회피수단

위험회피수단(Hedging Instruments)은 해당 위험회피수단의 공정가치 또는 미래현금흐름 변동이 위험회피대상항목의 가격변동 또는 미래현금흐름 변동과 반대로 움직일 것으로 예상되는 파생상품 및 비파생상품을 말한다.

(1) 조건을 충족하는 위험회피수단

일부 발행한 옵션[2])을 제외하고, 당기손익 – 공정가치 측정 파생상품은 위험회피수단으로 지정할 수 있다. 또한 당기손익 – 공정가치 측정 비파생금융자산이나 비파생금융부채는 위험회피수단으로 지정할 수 있다. 그리고 외화위험회피의 경우 비파생금융자산이나 비파생금융부채의 외화위험 부분은 위험회피수단으로 지정할 수 있다.

그러나 당기손익 – 공정가치로 측정하도록 지정한 금융부채로서 신용위험의 변동으로 생기는 공정가치의 변동 금액을 기타포괄손익으로 표시하는 금융부채는 위험회피수단으로 지정할 수 없으며, 공정가치의 변동을 기타포괄손익으로 표시하기로 선택한 지분상품의 투자도 위험회피수단으로 지정할 수 없다. 기타포괄손익으로 인식하는 금융부채와 지분상품의 투자를 위험회피수단으로 지정할 수 없는 이유는 위험회피대상항목에서 발생하는 당기손익의 변동부분을 위험회피수단에서 기타포괄손익으로 인식하면 위험회피효과가 실질적으로 나타나지 않기 때문에 기타포괄손익으로 인식하는 금융상품은 위험회피수단으로 지정할 수 없는 것이다.

분리하여 회계처리하지 않는 복합계약에 내재된 파생상품은 별도의 위험회피수단으로 지정할 수 없으며, 자기지분상품은 해당 기업의 금융자산이나 금융부채가 아니므로 위험회피수단으로 지정할 수 없다. 위험회피회계의 목적상, 보고실체의 외부 당사자(보고하는 연결실체 또는 개별기업의 외부 당사자)와 체결한 계약만을 위험회피수단으로 지정할 수 있다.

⚡POINT 조건을 충족하는 위험회피수단

위험회피수단으로 지정할 수 있는 항목	위험회피수단으로 지정할 수 없는 항목
① 당기손익 - 공정가치 측정 파생상품 ② 당기손익 - 공정가치 측정 비파생금융자산이나 비파생금융부채 ③ 외화위험회피의 경우 비파생금융자산이나 비파생금융부채의 외화위험 부분	① 당기손익 - 공정가치로 측정하도록 지정한 금융부채로서 신용위험의 변동으로 생기는 공정가치의 변동 금액을 기타포괄손익으로 표시하는 금융부채 ② 공정가치의 변동을 기타포괄손익으로 표시하기로 선택한 지분상품의 투자 ③ 분리하여 회계처리하지 않는 복합계약에 내재된 파생상품 ④ 자기지분상품

---

2) 당기손익 – 공정가치 측정 파생상품(일부 발행한 옵션 제외)을 위험회피수단으로 지정할 수 있는 상황을 한정하지 않는다. 발행한 옵션은 매입한 옵션(다른 금융상품에 내재된 매입한 옵션을 포함)을 상쇄하기 위해 위험회피수단으로 지정하는 경우(예 중도상환할 수 있는 부채의 위험회피에 사용된 매도콜옵션)를 제외하고는 위험회피수단의 조건을 충족하지 못한다.

(2) 위험회피수단의 지정

조건을 충족하는 금융상품은 전체를 위험회피수단으로 지정하는 것이 원칙이다. 다음의 경우에만 예외적으로 금융상품의 일부를 위험회피수단으로 지정할 수 있다.

> ① 옵션계약의 내재가치와 시간가치를 구분하여 내재가치의 변동만을 위험회피수단으로 지정하고 시간가치의 변동은 제외하는 경우
> ② 선도계약에서 선도요소와 현물요소를 구분하고 선도계약의 현물요소의 공정가치 변동만을 위험회피수단으로 지정하는 경우. 이와 비슷하게 외화 베이시스 스프레드는 분리하여 위험회피수단으로 지정하지 않을 수 있다.
> ③ 전체 위험회피수단의 비례적 부분(예 명목금액의 50%)을 위험회피관계에서 위험회피수단으로 지정하는 경우. 그러나 위험회피수단의 잔여 만기 중 일부 기간에서만 생긴 공정가치의 일부 변동을 위험회피수단으로 지정할 수 없다.

옵션계약의 내재가치와 시간가치를 구분하고 옵션의 내재가치 변동만을 위험회피수단으로 지정하는 경우에 거래 관련 위험회피대상항목의 위험을 회피하는 옵션의 공정가치 중 시간가치 변동에서 위험회피대상항목과 관련된 부분을 기타포괄손익으로 인식하고 자본의 별도 항목에 누적한다. 선도계약의 선도요소와 현물요소를 구분하여 선도계약의 현물요소의 가치변동만을 위험회피수단으로 지정하는 경우나 금융상품을 위험회피수단으로 지정할 때 금융상품에서 외화 베이시스 스프레드를 구분하여 이를 제외하는 경우에는 선도계약의 선도요소와 외화 베이시스 스프레드의 가치변동으로 인한 부분은 기타포괄손익으로 인식하고 자본의 별도 항목에 누적한다.

⚡ POINT 위험회피수단의 지정

> 조건을 충족하는 금융상품은 전체를 위험회피수단으로 지정하는 것이 원칙이나, 다음의 경우에만 예외적으로 금융상품의 일부를 위험회피수단으로 지정할 수 있음
> ① 옵션계약의 내재가치와 시간가치를 구분하여 내재가치의 변동만을 위험회피수단으로 지정하고 시간가치의 변동은 제외하는 경우
> ② 선도계약에서 선도요소와 현물요소를 구분하고 선도계약의 현물요소의 공정가치 변동만을 위험회피수단으로 지정하는 경우
> ③ 전체 위험회피수단의 비례적 부분(예 명목금액의 50%)을 위험회피관계에서 위험회피수단으로 지정하는 경우

02. 위험회피대상항목

위험회피대상항목(Hedged Items)은 공정가치 변동위험에 노출된 자산과 부채, 확정계약과 미래현금흐름 변동위험에 노출된 예상거래 및 해외사업장순투자를 말한다.

(1) 조건을 충족하는 위험회피대상항목

인식된 자산이나 부채, 인식되지 않은 확정계약, 예상거래나 해외사업장순투자는 위험회피대상항목이 될 수 있다. 또한 위험회피대상항목은 단일 항목 또는 항목의 집합일 수 있으며, 단일 항목의 구성요소나 항목 집합의 구성요소는 위험회피대상항목이 될 수 있다.

위험회피대상항목은 신뢰성 있게 측정할 수 있어야 한다. 만약 위험회피대상항목이 예상거래인 경우 그 거래는 발생가능성이 매우 커야 한다.

① 연결실체 내의 거래

위험회피회계의 목적상 보고기업의 외부 당사자와 관련된 자산, 부채, 확정계약 또는 발생가능성이 매우 높은 예상거래만을 위험회피대상항목으로 지정할 수 있다. 연결실체 내의 개별기업 사이의 거래는 연결실체 내의 개별기업의 개별재무제표나 별도재무제표에서 위험회피대상항목으로 지정할 수 있으나, 연결재무제표에서는 위험회피대상항목으로 지정할 수 없다.

그러나 예외적으로, 연결실체 내의 화폐성항목(예 종속기업 사이의 지급채무와 수취채권)이 K-IFRS 제1021호 '환율변동효과'에 따라 연결재무제표에서 모두 제거되지 않는 외환손익에 노출되어 있다면, 그러한 항목의 외화위험은 연결재무제표에서 위험회피대상항목으로 지정할 수 있다. 또한 예상거래가 해당 거래를 체결한 기업의 기능통화가 아닌 통화로 표시되며 외화위험이 연결손익에 영향을 미친다면, 발생가능성이 매우 큰 연결실체 내 해당 예상거래의 외화위험은 연결재무제표에서 위험회피대상항목으로 지정할 수 있다.

② 사업결합에서 사업을 취득하기로 하는 확정계약

사업결합에서 사업을 취득하기로 하는 확정계약은 위험회피대상항목이 될 수 없다. 다만, 외화위험에 대하여는 위험회피대상항목으로 지정할 수 있다. 그 이유는 외화위험이 아닌 다른 회피대상위험은 특정하여 식별할 수도 없고 측정할 수도 없기 때문이다. 이러한 다른 위험은 일반적인 사업위험이다.

③ 지분법적용투자주식

지분법적용투자주식(관계기업투자)은 공정가치위험회피의 위험회피대상항목이 될 수 없다. 그 이유는 지분법은 투자주식의 공정가치 변동 대신에 피투자기업의 손익 중 투자기업의 몫을 당기손익으로 인식하기 때문이다. 이와 마찬가지로, 연결대상 종속기업에 대한 투자주식은 공정가치위험회피의 위험회피대상항목이 될 수 없다. 그 이유는 연결은 투자주식의 공정가치 변동 대신에 종속기업의 손익을 당기손익으로 인식하기 때문이다. 반면에 해외사업장순투자의 위험회피는 위험회피대상항목이 될 수 있다. 이는 투자지분의 공정가치 변동에 대한 공정가치위험회피가 아니라 외화 익스포저에 대한 위험회피이므로 위험회피대상항목이 될 수 있기 때문이다.

④ 통합 익스포저

위험회피대상항목의 요건을 충족할 수 있는 익스포저와 파생상품이 결합된 통합 익스포저를 위험회피대상항목으로 지정할 수 있다. 그러한 위험회피대상항목을 지정하는 경우에 익스포저와 파생상품이 결합된 통합 익스포저가 특정 위험에 대해 하나의 익스포저로 관리되는 다른 통합 익스포저를 창출하는지를 평가하여, 통합된 익스포저에 기초하여 위험회피대상항목을 지정할 수 있다. 예를 들어 15개월 후에 특정 수량을 매입할 가능성이 매우 큰 커피의 가격(미국 달러화) 변동위험을 15개월물 커피 선물계약을 이용해 회피할 수 있다. 위험 관리 목적상 발생가능성이 매우 큰 커피 매입과 커피 선물계약은 15개월 후의 미국 달러화로 금액이 고정된 외화위험 익스포저(15개월 후의 미국 달러화로 고정된 금액의 현금유출)로 볼 수 있으며, 이를 통하여 커피의 가격변동위험을 회피할 수 있다.

⚡ POINT 조건을 충족하는 위험회피대상항목

위험회피대상항목으로 지정할 수 있는 항목	위험회피대상항목으로 지정할 수 없는 항목
① 연결실체 내의 개별기업 사이의 거래는 연결실체 내의 개별기업의 개별재무제표나 별도재무제표에서 위험회피대상항목으로 지정가능 ② 사업결합에서 사업을 취득하기로 하는 확정계약의 외화위험 ③ 해외사업장순투자의 위험회피는 위험회피대상항목이 될 수 있음 ④ 위험회피대상항목의 요건을 충족할 수 있는 익스포저와 파생상품이 결합된 통합 익스포저를 위험회피대상항목으로 지정할 수 있음	① 연결실체 내의 개별기업 사이의 거래는 연결재무제표에서는 위험회피대상항목으로 지정할 수 없음 ② 사업결합에서 사업을 취득하기로 하는 확정계약의 일반적인 사업위험 ③ 지분법적용투자주식(관계기업투자)은 공정가치위험회피의 위험회피대상항목이 될 수 없음 ④ 연결대상 종속기업에 대한 투자주식은 공정가치위험회피의 위험회피대상항목이 될 수 없음

(2) 위험회피대상항목의 지정

위험회피관계에서 항목 전체나 항목의 구성요소를 위험회피대상항목으로 지정할 수 있다. 전체 항목은 항목의 모든 현금흐름 변동이나 모든 공정가치 변동을 말하며, 항목의 구성요소는 항목의 전체 공정가치 변동이나 현금흐름의 변동보다 적은 부분을 말한다. 위험회피대상항목으로 지정하기 위해서는 위험 구성요소는 금융항목이나 비금융항목의 별도로 식별할 수 있는 구성요소이어야 하며 위험 구성요소의 변동으로 인한 항목의 현금흐름이나 공정가치의 변동은 신뢰성 있게 측정할 수 있어야 한다.

⚡ POINT 위험회피대상항목의 지정

위험회피관계에서 항목 전체나 항목의 구성요소를 위험회피대상항목으로 지정할 수 있음
① 위험 구성요소는 금융항목이나 비금융항목의 별도로 식별할 수 있는 구성요소이어야 함
② 위험 구성요소의 변동으로 인한 항목의 현금흐름이나 공정가치의 변동은 신뢰성 있게 측정할 수 있어야 함

해커스 IFRS 김원종 POINT 고급회계

개정 2판 1쇄 발행 2024년 6월 21일

지은이	김원종
펴낸곳	해커스패스
펴낸이	해커스 경영아카데미 출판팀

주소	서울특별시 강남구 강남대로 428 해커스 경영아카데미
고객센터	02-537-5000
교재 관련 문의	publishing@hackers.com
학원 강의 및 동영상강의	cpa.Hackers.com

ISBN	979-11-7244-094-7 (13320)
Serial Number	02-01-01